Otto Betz
Labyrinth des Lebens

Labyrinthdarstellung mit dem Kampf des Theseus gegen den Minotaurus, Sammelschrift des Klosters Regensburg-Prüfening, 12. Jahrhundert

Otto Betz

Labyrinth des Lebens

Mit Illustrationen von Karen Holländer

Herder Freiburg · Basel · Wien

Alle Rechte vorbehalten – Printed in Italy
© Verlag Herder Freiburg im Breisgau 1999
Einbandgestaltung: Hermann Bausch
Satz: Layoutsatz Kendlinger
Herstellung: Milanostampa S.p.A. – New Interlitho 1999
ISBN 3-451-27172-9

INHALT

Das Labyrinth – Urbild und Metapher

Im Schattenreich

LABYRINTHISCHE MOTIVE IN EPEN UND MÄRCHEN

„Seltsam sind die nächtigen Pfade des Menschen"

LABYRINTHISCHE ERFAHRUNGEN

Das Labyrinth als Weg zur Mitte

DAS LABYRINTH –
URBILD UND METAPHER

Einladung ins Labyrinth

Geht es uns nicht allen so: Kaum haben wir in einer
Zeitung oder einem Bildband ein Labyrinth entdeckt,
da fahren wir schon mit den Fingern die Linien und
Pendelschwünge nach, um zu sehen, auf welche Weise
wir ins Zentrum kommen, dem Zielpunkt der kleinen
Reise.

Wie kommt es, daß von einem Labyrinth diese eigen-
artige Faszination ausgeht? Wie ist es zu erklären, daß
dieses Zeichen in der Welt so verbreitet ist? Spiegelt sich
in ihm etwas Charakteristisches von unserem Dasein?

Schon in bronzezeitlichen Felsritzungen finden wir dieses magische Zeichen, minoische Münzen sind damit geprägt, römische Mosaiken variieren es auf vielfältige Weise, die mittelalterlichen Handschriften präsentieren es, die großen französischen Kathedralen haben ihm einen bedeutsamen Platz zugewiesen. Aber auch in ganz anderen Kulturkreisen, in Indien, der Südsee und Altamerika tauchen labyrinthartige Figuren auf. Kein Wunder, daß sich Kunsthistoriker, Ethnologen, Religionswissenschaftler und Psychologen mit dieser fünftausendjährigen Geschichte eines geheimnisvollen Zeichens befassen, scheint es doch eine der großen Deutefiguren menschlichen Daseins zu sein. Weil sich der Mensch immer selbst als das große Rätsel empfand, das er zu deuten versuchen muß, entstanden Mythen und Märchen. Und weil er sich immer angefochten und verunsichert erfuhr, entwickelte er Riten und Kulte, die dazu beitrugen, Stand zu finden auf dieser Erde. In einer unverstandenen Welt kann man nicht leben, also muß man versuchen, das Rätselhafte zu deuten, das Dunkle aufzuhellen.

In der spätantiken Alchimie wurde der Spruch überliefert: „Suche das Innere der Erde auf, durch Reinigung wirst du den verborgenen Stein finden." In die Tiefe muß man gehen, das Abenteuer des Abstiegs muß gewagt werden, wenn die Erkenntnis gewonnen werden soll. Nicht nur in den lichten Höhen, auch in den

Abgründen sind Antworten zu finden, die uns dem Sinn der Existenz näherbringen.

Weil aber unser Leben immer bedroht ist, hat auch der Erkenntnisweg seine Gefährdungen; man kann sich verstricken und verlaufen, findet aus dem Höhlengewirr der Tiefe nicht mehr nach oben. Im Mittelalter wurde das Wort geprägt:

„Unsere Welt wird nach der Art des Labyrinths dargestellt:

weit geöffnet den Eintretenden;

doch wenn einer zurückkehren möchte,

findet er den Weg ganz eng.

Wer von der Welt ergriffen wurde

und unter der Last der Schuld zu leiden hat,

der hat es schwer, zum Weg des Lebens zurückzukehren."

Wer sich mit dem Phänomen „Labyrinth" beschäftigt, der gerät selbst in ein verwirrendes Labyrinth von Überlieferungen, Mythen, Varianten, Deutungsversuchen, Neuinterpretationen. Vielleicht ist es ganz gut, daß die Sachlage nicht eindeutig ist, daß sie immer wieder neue Zugänge möglich macht. In gewisser Weise hat das Labyrinth eine Spiegelfunktion: Wer hineinschaut, sieht sich selbst, wird mit sich konfrontiert, mit seiner Fragwürdigkeit, seiner Angst, seinen Sehnsüchten, seinem Glücksverlangen. Und wer sich in das Labyrinth hineinwagt, der kommt vielleicht auch seinem eigenen Geheimnis ein wenig näher.

Zu den verbreitetsten Deutebildern menschlicher Existenz gehört das Symbol des Weges: Unser Leben hat Wegcharakter, weil wir nie an einem „Ort" stehenbleiben können, sondern von Station zu Station weiterwandern und ein imaginäres Ziel suchen. Der Christ spricht von der Pilgerschaft in die Ewigkeit, vom Reich Gottes und vom himmlischen Jerusalem, der Buddhist vom Nirvana. In gewissem Sinn bietet uns das Labyrinth ein anschaubares Zeichen für diese Suche, diese Pilgerschaft.

Die Leser dieses Buches werden eingeladen, sich auf das Abenteuer mit dem Labyrinth einzulassen. Im ersten Teil geht es um die alten Quellen und Überlieferungen, um die Wandlungen dieses Symbols.
Im zweiten Teil werden Beispiele aus Märchen und Epen geboten.
Im dritten Teil schließlich sind Texte gesammelt, die das Daseinsgefühl von Menschen unter der Metapher des Labyrinths zu deuten suchen, ein Aspekt, der im vierten Teil nochmals genauere Betrachtung findet. Immer geht es um Leben und Tod, Hoffnung und Verzweiflung, Sinnlosigkeit und Sinn.

Definitionen

HERMANN KERN[1]

Im heutigen Sprachgebrauch findet sich der Begriff
„Labyrinth" mit drei verschiedenen Bedeutungen; am
häufigsten als

1. Metapher: als Hinweis auf eine schwierige, unübersichtliche, verwirrende Situation. Diesen übertragenen,
sprichwörtlichen Sinn gibt es schon im spätantiken
Sprachgebrauch, seit dem dritten nachchristlichen Jahrhundert; zurückführen läßt er sich auf die Vorstellung
vom

2. Irrgarten: als Anlage (Gebäude oder Garten), die dem
Besucher viele Wege zur Wahl anbietet, die ihn auch in
Sackgassen oder in die Irre führen. Eine solche Vorstel-
lung liegt (seit dem 3. Jh. v. Chr.) vielen Berichten über
Labyrinthe zugrunde: Labyrinth (Irrgang-System) als
literarisches Motiv.

3. Labyrinth im eigentlichen Sinn. Dieser visuell ein-
deutige Begriff wurde schon seit der Antike von der
– zunächst nur literarisch formulierten – Vorstellung
„Irrgarten" überlagert; es wurden also zwei nach Form
und Gestalt höchst unterschiedliche Vorstellungen miteinander vermengt, wobei man sich über die not-
wendigerweise entstehende Begriffsverwirrung erst im
20. Jahrhundert Rechenschaft abzulegen begann.
Wer ein Labyrinth betritt, läßt sich von dem einzigen
unveränderlichen Weg sicher zum Zentrum führen,
er ist nicht mit Orientierungsproblemen beschäftigt,

sondern kann sich nach innen konzentrieren, kann sich der Frage nach dem Sinn seines Weges widmen. In einem Irrgarten dagegen muß der Weg zum Zentrum erst durch viele Abzweigungen und Kreuzwege hindurch gewählt und gefunden werden: Konzentration nach außen. Das Zentrum eines Irrgartens wird erst durch Eigeninitiative, durch ständiges sicherndes Orientierungsbemühen und Überprüfung der Zielgerichtetheit gefunden; im Labyrinth wird der Erfolg durch Anordnung der Gänge vorgegeben, der Besucher wird also durch die vorgegebene Struktur geführt. Beide Anlagen stellen also ganz unterschiedliche Aufgaben, bieten Erfahrungen auf ganz unterschiedlichen Ebenen...

Die sinnbestimmende Bewegungsfigur beginnt in einer kleinen Öffnung der Außenmauer und führt nach vielen Umwegen, die zum Abschreiten des ganzen Innenraumes nötigen, zum Zentrum. Im Gegensatz zu einem Irrgarten ist dieser Weg kreuzungsfrei; er bietet keine Wahlmöglichkeit, führt also zwangsläufig zur Mitte und endet dort. Die einzige Sackgasse eines Labyrinths liegt demnach im Zentrum. Dort muß der Besucher seine Gehrichtung ändern; er erreicht die Außenwelt nur, wenn er sich wendet und den Eingangsweg zum Ausgangsweg macht.

Mit der Spirale hat das Labyrinth zwar die Zielgerichtetheit und Kreuzungsfreiheit der Bewegung gemeinsam; der spezifische Unterschied liegt aber in der

– nahezu vollständigen – Abgrenzung des Labyrinths nach außen und in dem dauernden, pendelartigen Wechsel der Bewegungsrichtung innen.

Charakteristikum des Labyrinths

Ein Labyrinth hat Wegcharakter. Der „Wanderer Mensch" erlebt sich im „Draußen" und möchte in die Mitte, oder: Er hat den Eindruck, daß er in die Mitte gehen soll, ist aber von Angst erfüllt, weil er nicht weiß, was ihn dort erwartet. Wer um das Labyrinth herumwandert, erkennt, daß es nur einen Zugang gibt, der nach innen führt. Durchschreitet jemand diesen Eingang, dann öffnet sich zwar ein Weg, aber er geht nicht geradlinig voran, sondern geht nach dem „Prinzip Umweg" (wie Hermann Kern es nennt) in Pendelschwüngen und den ganzen Raum erfassend immer hin und her, er führt aber mit Notwendigkeit in die Mitte. Wer also die Umwege nicht scheut und sich nicht entmutigen läßt, daß er – obwohl er doch beinahe schon in der Mitte angekommen war – wieder an die Peripherie geführt wird, der gelangt auch in die Mittezone. Oft sind es sieben Umgänge, die bewältigt werden müssen, aber es gibt auch Labyrinthe, die weniger oder mehr Umläufe haben.

Auffällig ist, daß die meisten Labyrinthe sowohl eine quadratische als auch eine runde Struktur haben. Da man in der Mitte meist eine Kreuzform vorfindet, die auf die vier Himmelsrichtungen und die vier Winde hinweist, deuten die Pendelschwünge auf die Kreisform hin. Das Viereck wird also durch die Kreisform gleichsam überwölbt, vielleicht hat man an eine gestalterische „Quadratur des Kreises" gedacht.

Der „Gang in die Mitte" ist also keine geradlinige Straße, sondern ein gewundener Weg, der aber den Vorzug hat, daß man alle Teile des Areals kennenlernt. Es ist ein „Umkreisen", eine allmähliche Annäherung, die immer wieder von einer Distanzierung unterbrochen wird. So wie Gesprächspartner ihr Thema auch meist nicht im schnellen Zugriff bewältigen, sondern sich von verschiedenen Seiten ihm nähern und es nach unterschiedlichen Gesichtspunkten betrachten, muß auch hier jeder Bereich abgeschritten werden, bis dann – vielleicht sogar überraschend – das Zentrum erreicht ist.

Das Labyrinth gehört zu den großen symbolischen Formen, die sich nicht in erster Linie vom Denken und von der rationalen Analyse her verstehen lassen, die uns vielmehr erfahrungsgemäß nahekommen müssen.
Symbole haben eine ambivalente Bedeutungsbreite. Man kann sie nicht auf eine Ebene reduzieren, das gilt auch für das Labyrinth. Es kann für den ganzen Kosmos stehen, für die komplizierte Welt, die als vielschichtige und seltsam „verschlungene" Wirklichkeit angesehen werden muß. „Labyrinthisch" kann auch

eine Landschaft empfunden werden mit ihrem verwirrenden Wechsel von Hügeln und Tälern, Flußläufen und Waldstücken. Und wenn sich gar die Erde auftut und ein Höhlensystem freigibt, so daß der Untergrund der Welt zugänglich wird, dann liegt die Assoziation „Labyrinth" besonders nahe. Beim Besuch einer uns noch unbekannten Stadt erweist sich die unübersichtliche Struktur der Straßen, Plätze und Gäßchen wieder als ein Labyrinth, das uns verwirrt und verunsichert.

Aber auch die „Innenschau" in unsere Leiblichkeit konfrontiert uns mit mancherlei Labyrinthen, die Gedärme mit ihren seltsamen Schlingungen, das komplizierte Bläschensystem der Lunge, das rätselhafte Gebilde unseres Gehirns, überall stoßen wir auf solche Gebilde, die wir − sofern wir anatomische Laien sind − nicht begreifen können. Nicht anders ergeht es uns, wenn wir unser seelisches Leben bedenken: Schon unser bewußtes Dasein gibt uns Rätsel auf, wir geraten in das Dickicht von Möglichkeiten und Wünschen, Ängsten und Bedenken, wir haben Skrupel und geraten in Phasen der Skrupellosigkeit, werden von Begierden getrieben und irrationalen Phantasien bedrängt. In noch viel unbegreiflichere Zonen und Tiefen steigen wir hinab, wenn wir unser Tagesbewußtsein verlassen und in die Räume und Bereiche des Traums gelangen. Was es da für Ungeheuer und Abgründe gibt, paradiesische Gefilde und Sehnsuchtsbereiche, übersteigt noch bei weitem alles, was der Tag ersonnen hat.

Und wenn auch alle diese Erfahrungen eher auf „Irr-
gärten" hinweisen als auf die klassische Labyrinthform,
gemeinsam ist doch, daß wir immer wieder auf Chaoti-
sches stoßen und Verlangen haben, zu einer Ordnung
zu finden, daß wir uns in einem widerstreitenden Wirrwarr vorfinden und einen verläßlichen Weg suchen.
Die Metapher vom Weg ist vielleicht der wichtigste
Hinweis auf die elementare Notwendigkeit unseres
Lebens. Wir müssen uns auf den Weg machen, die Pil-
gerfahrt antreten, die Reise wagen, wenn es uns gelingen soll, die Welt zu verstehen, unser eigenes Persongeheimnis zu erfahren und eine hilfreiche Sinnspur in
unserem Dasein zu entdecken.

Was ist das: ein Labyrinth?

KARL KERÉNYI[2]

Labyrinthe sind, wo sie als Denkmäler uralten religiösen Brauches oder mindestens urtümlicher Kunst-
übung erscheinen, an ihrer mehr oder weniger, oft auch
ganz einfach spiralen Form zu erkennen.

Jede scheinbar nur rein dekorativ angewandte Spiral-
linie, für sich hingezeichnet oder als Spiralmäander
gestaltet, ist ein Labyrinth, sobald wir sie uns als einen
Weg vorstellen und uns gleichsam in sie versetzen als in
einen unumgänglichen Eingang oder Durchgang. Wir
brauchen ein solches Sich-Vorstellen und Sich-Hinein-
versetzen, um die mythologische Realität des Labyrinths zu erwecken. Für die Träger dieser Realität war
sie ein Darin-Sein und Darin-Sichbewegen. Sie erwachte in ihnen von Zeit zu Zeit und äußerte sich in
stummen Bewegungen oder in Erzählungen, die den
unmittelbar erlebten Sinn in begreifliche Sprache über-
setzten. Wollen wir jenen Sinn ergreifen, so brauchen
wir auch jene Erzählungen: die Texte zu den stummen
Labyrinthen.

Es schien darum von großer Wichtigkeit zu sein, daß
sich am Anfang dieses Jahrhunderts in den Tontafel-
sammlungen, die aus mesopotamischen Ausgrabun-
gen nach europäischen Museen gelangt sind, Labyrinthdarstellungen fanden, darunter auch solche mit
keilschriftlichen Texten. Ein für sich stehendes Stück in

19

Berlin und ein gleiches in Leiden entbehren zwar jeder Beischrift, doch zeigen beide die spirale Form um so reiner. Die nahe Verwandtschaft der Zeichnung mit den Labyrinthdarstellungen auf kretischen Münzen und den spiralen Steinsetzungen und ähnlichen Denkmälern in Nordeuropa fiel sogleich auf. Eine sichere Deutung erhielten diese Einzelstücke durch größere Tafeln, die ganze Reihen von den verschiedensten Variationen derselben Grundform mit Beischriften tragen. Dürftige und schwer verständliche Texte: Man muß sich aber an sie halten, wenn man etwas von der Bedeutung dieser Zeichnungen in den alten Kulturen Mesopotamiens erfahren will.

Aus den keilschriftlichen Texten ist es sicher, daß die Tafeln Darstellungen der Eingeweide von Opfertieren zeigen, aus denen geweissagt wurde. So sind wohl historische Fälle der Eingeweideschau als Dokumente und Beispiele für die Zukunft mit erklärenden Bemerkungen aufbewahrt worden. Sie beziehen sich auf die Gestaltung der Gedärme. „Nach links sind sie gewandt und lösen sich dann auf" – übersetzt es der Assyrologe. „Das soll wohl heißen" – fügt er hinzu – „daß die Eingeweide zunächst in einer nach links sich windenden Spirale verlaufen, daß die Spiralwindung dann aufhört und die einzelnen Därme ohne weitere Windungen nebeneinander dem Ende und Ausgange zustreben. Die Zeichnung ist dieser Erklärung günstig." In einem anderen Fall scheint auch die Folgerung deutlich zu sein: „Die Gottheit wird im Stiche lassen." (...)

Die Linie, die für den Zeichner aller Variationen zugrunde lag, ist offenkundig die Spirale. Man sieht die verschiedenen Gestaltungen dieser Urform in den Eingeweiden der verschiedenen Opfertiere. Durch den handgreiflich körperlichen Einfall schimmerte eine andere Wirklichkeit durch: etwas Mythologisches, das in den Beischriften auch benannt wird. Man erblickte da einen Palast: den „Palast der Eingeweide". Was dieser Palast eigentlich sei, wurde erkannt. Es ist die Unterwelt, die sich, wie es aus den verschiedenen Gestaltungen der Eingeweide erhellt, zur Welt der Lebenden verschieden verhalten kann: bald günstig, bald ungünstig. Sie erscheint da, im tiefsten Grunde des scheinbar rein körperlichen Phänomens als höhere Realität in der Form eines spiralen Bauwerks, dessen Windungen durch die Gedärme des geschlachteten Tieres ebenso nachgebildet sind wie etwa die Himmelsregionen durch die Leber. (...)

„Labyrinthisch" und „unterweltlich" erscheinen als identisch. Das Labyrinthische hat vor seinen verschiedenen Ausdrucksformen − dem „Zauberwald" und den „Gedärmen" − durchaus die Priorität.

Plinius über das ägyptische Labyrinth

PLINIUS D. Ä.[3]

Auch von den Labyrinthen will ich sprechen, den aben-
teuerlichsten Werken von Menschenhand, die aber
darum doch nicht, wie man glauben könnte, nur
Erdichtung sind. Noch jetzt besteht in Ägypten im he-
rakleiopolitischen Nomos eins, und zwar das erste, das,
wie man sagt, vor 3600 Jahren von König Petesuchus,
der auch Tithoes heißt, erbaut ist. Herodotos jedoch gibt
an, daß das ganze Werk von zwölf Königen erbaut und
von Psammetichos vollendet sei. Den Beweggrund zur
Erbauung desselben gibt man verschieden an. Demote-
les behauptet, es sei die Burg des Königs Moteris gewesen; Lykeas hält es für das Grab des Möris; die Mehrzahl sagt, es sei zu einem Heiligtum der Sonne errichtet,
was auch für das Wahrscheinlichste gehalten wird.
Unbezweifelt nahm Daidalos dies Labyrinth zum Vor-
bild dessen, welches er in Kreta baute, das aber nur den
hundertsten Teil so groß ist und eine Menge krummer
Gänge, Gegengänge und unentwirrbare Windungen
enthält, nicht aber ein solches ist, wie wir es wohl auf
Estrich oder auf Spielplätzen von Kindern sehen, welches auf einem kleinen Flecke einen Raum von einigen
tausend Schritten zum Umhergehen enthält; sondern
es waren viele Türen darin angebracht, um das Begegnen zu erschweren und wieder in die Irrgänge zurück-
zuleiten. (...) Die ganze Einrichtung des Werkes und

seine einzelnen Teile lassen sich nicht beschreiben, da es nach den Landschaften und den Regierungsbezirken, die mit dem Ausdruck Nomen bezeichnet werden, eingeteilt ist und mit den 30 Namen derselben ebenso viel weitläufige Gebäude belegt sind, es außerdem die Tempel aller ägyptischen Gottheiten enthält und noch 40 kleinere der Nemesis umschließt, auch mehrere Pyramiden von 40 Ellen Höhe, deren Grundflächen bei jeder sechs Morgen bedecken. Schon ermüdet vom Gehen kommt man an jene unentwirrbaren Irrgänge. Ja, auch die Speisesäle liegen hoch wie auf Hügeln; dann steigt man durch Hallen hinab, von denen jede 90 Stufen hat, und inwendig stehen eine Säule aus Porphyr, Götterbilder, Bildsäulen von Königen und wunderliche Tiergestalten. Einige jener Gebäude haben eine solche Einrichtung, daß, wenn man die Türen öffnet, im Inneren ein furchtbares Donnern entsteht, und größtenteils geht man durch alle Gänge im Dunkeln.

Minos und das Labyrinth
KARL PHILIPP MORITZ[4]

Minos, des Gesetzgebers Enkel, war ein tapfrer und kriegerischer Fürst, der das Mittelländische Meer von Seeräubern befreite und die Fahrt auf demselben wieder sicher machte. Allein ihn betrafen Unglücksfälle, wodurch seine glorreichsten Siege ihm vergällt, sein Leben verbittert wurde:

Die Vermählte des Minos war Pasiphaë, eine Tochter der Sonne und Schwester des Äetes. Venus warf auf dies Geschlecht einen alten Haß, weil Helios oder die Sonne einst ihr Liebesverständnis mit dem Mars entdeckt und verraten habe. Sie flößte der Pasiphaë zu einem Stier, den Neptun aus dem Meere steigen ließ, eine schändliche Liebe ein. Während der Abwesenheit des Minos beging Pasiphaë das unnatürliche Verbrechen und gebar ein Ungeheuer, halb Mensch, halb Stier, das unter dem Namen des Minotaurus zum öftern in diesen Dichtungen auftritt.

Dädalus, der kunstverständigste Bildner und Baumeister, welcher damals lebte, hatte sich wegen eines Verbrechens aus Athen nach Kreta geflüchtet, und Minos, um die Schande seines Hauses den Blicken der Menschen und dem Antlitz des Tages zu verbergen, trug dem Dädalus auf, ein unterirdisches Gewölbe mit unzähligen irreführenden Gängen ihm zu erbauen.

Das war das berühmte Labyrinth, in dessen Mitte der Minotaurus eingeschlossen nur von denen erblickt wurde, die ihm zur Strafe als Opfer vorgeworfen wurden und um ihren Tod zu finden das Labyrinth betraten. (...)

Die Athenienser mußten dem Minos jährlich sieben der schönsten Knaben und sieben der schönsten Mädchen nach Kreta schicken, wo sie, um den Mord des Androgeus (eines Sohnes von Minos) abzubüßen, als Schlachtopfer für ihr Vaterland dem Minotaurus zur Beute wurden.

Theseus und die Fahrt nach Kreta

KARL PHILIPP MORITZ[5]

Nun war es gerade das dritte Jahr, in welchem die
Athenienser dem Minos... den traurigen Tribut bezahlen mußten... Solange dieses Ungeheuer nicht erlegt
war, hatten die Athenienser keine Befreiung von dem
traurigen Tribut zu hoffen.

Als nun die Jünglinge und Mädchen schon das Todes-
los gezogen hatten und, zu Schlachtopfern für dieses
Jahr bestimmt, eingeschifft werden sollten, bot sich
Theseus freiwillig zum Opfer für sein Vaterland in die
Zahl der übrigen Jünglinge dar, weil er, in Ahnung sei-
ner Heldenkraft, den Minotaurus zu erlegen hoffte.

Vor der Abreise tat Theseus dem Apollo ein Gelübde,
jährlich zu seinem Tempel ein Schiff mit Opfern und
Geschenken nach der Insel Delos zu schicken, wenn
ihm sein Unternehmen glückte. Als er nun auch noch
das Orakel befragte, gab dieses ihm zur Antwort, er
werde dann glücklich sein, wenn er die Liebe zur Führerin wählte...

Bald langte nun das Schiff mit günstigem Winde in
Kreta an, und kaum waren die übersandten Opfer dem
Minos vorgestellt, als Ariadne, des Minos Tochter, ihre
Blicke auf den Theseus warf, dessen Heldenwuchs und
Schönheit auf die Königstochter einen unauslöschli-
chen Eindruck machten.

Nun wählte auch Theseus nach dem Ausspruch des
Orakels die Liebe zur Führerin, indem er aus den Hän-

den der Ariadne den Knäuel empfing, der ihm einen sicheren Ausgang aus dem Labyrinth verschaffte. Mit dem Faden der Ariadne in der Hand stieg er nun mutig mit seinen Gefährten in die unterirdische Wölbung nieder, bis er selbst an den Aufenthalt des Minotaurus kam, mit dem er sich in Kampf einließ und ihn mit Hilfe der Ratschläge Ariadnes überwand.

Da nun dies Ungeheuer erlegt war, so waren die Athenienser auch von dem Tribut befreit, und ihre zum Tode bestimmten Söhne und Töchter dankten dem Theseus nun ihr Leben ...

Ariadne entfloh mit ihrem geliebten Theseus; sie landeten auf Naxos, wo Theseus auf den Befehl der Götter sie verließ, weil Ariadnens Reize den Bacchus selber gefesselt hatten, der hier die einsame verlaßne Schöne unter nächtlichem Himmel schlummern fand und, da sie erwachte, zum Zeichen seiner Gottheit die Krone von ihrem Haupte gen Himmel warf, wo sie als ein leuchtendes Sternbild glänzte und Zeuge der Vermählung der Ariadne und des Bacchus war.

Ehe nun Theseus nach Athen zurückkehrte, segelte er, um dem Apollo sein Gelübde zu bezahlen, nach der Insel Delos, wo er zugleich der Venus wegen des Beistandes, den sie ihm geleistet, eine vom Dädalus verfertigte Bildsäule weihte. Und um das Andenken seines Sieges über den Minotaurus zu erhalten, stiftete Theseus auf dieser Insel einen Tanz, worin man die Krümmungen des Labyrinths nachahmte.

Die Geschichte des Minotaurus

ZBIGNIEW HERBERT[6]

Die noch nicht entzifferte Linearschrift A überliefert die wirkliche Geschichte des Fürsten Minotaurus. Er war – wider die späteren Gerüchte – Sohn des Königs Minos und der Pasiphaë. Der Junge kam gesund, allerdings mit einem unnatürlich gewaltigen Kopf zur Welt – was die Wahrsager als ein Zeichen künftiger Klugheit zu deuten wußten. Minotaurus entwickelte sich in der Tat mit den Jahren zu einem kräftigen, etwas melancholischen – Trottel. Der König beschloß, ihn dem geistlichen Stande zu überlassen. Aber die Priester wandten ein, ein irrer Fürst stünde ihnen schlecht, dadurch litte die sowieso schon – durch die Erfindung des Kreises – lädierte Autorität der Religion noch ärger. Also ließ Minos den Ingenieur Dädalus kommen, den Begründer der vielgerühmten pädagogischen Architektur, der in Griechenland gerade in Mode war. Durch das System der Korridore, von den einfachsten bis zu immer komplizierteren, durch Unterschiede der Ebenen und Treppen der Abstraktion sollte Minotaurus in die Grundlagen des fehlerfreien Denkens eingeführt werden.

Der unglückselige Fürst taumelte, von Präzeptoren angetrieben, durch die Korridore der Induktion und der Deduktion, glotzte mit ohnmächtigen Augen die anschaulichen Fresken an und begriff gar nichts.

Als der König Minos alle Mittel erschöpft hatte,

beschloß er, sich des Schandflecks seines Geschlechtes zu entledigen. Er ließ (auch aus Griechenland, das wegen seiner begabten Leute berühmt war) den findigen Totschläger Theseus kommen. Und Theseus schlug Minotaurus tot. Darin stimmen Mythos und Geschichte überein.

Aus dem Labyrinth – dem nun überflüssig gewordenen ABC-Buch – kehrte Theseus zurück, in der Hand den großen Kopf von Minotaurus mit den glotzenden Augen, in denen zum ersten Mal die Klugheit – das Nebenprodukt der Erfahrung – sich regte.

Der Labyrinthtanz

Was steht am Anfang? Das symbolische Zeichen des Labyrinths, die mythische Erzählung vom Sieg über den Minotaurus oder das Ritual des Siegestanzes? Wir wissen es nicht, müssen aber das Ineinander dieser drei Traditionselemente bedenken. Alle drei hängen zusammen und deuten sich gegenseitig. Ohne Verständnis des Mythos läßt sich das Symbol nicht verstehen, aber ohne den rituellen Vollzug bleibt auch der Mythos unvollständig.

Da Ariadne ursprünglich als Herrin der Totenwelt verehrt wurde, die man durch einen Tanz feierte, können wir auch vom Tanzritual ausgehen. Wahrscheinlich waren die Tänzer und Tänzerinnen durch ein Seil miteinander verbunden, der Vortänzer geleitete den

Tanzchor in spiraliger Form in die Mitte, wendete sich dort im Mittelpunkt und führte in einer umgedrehten Bewegung die Tänzer wieder zum Ausgangspunkt zurück. Man tanzte gleichsam in das Totenreich hinein, wurde aber wieder in die Lebenswelt zurückgeleitet. Der verbindende Faden wurde zum „Lebensfaden", der Tod mußte zwar gekostet werden, blieb aber dann hinter den Tanzenden zurück. Der Tanz wurde „Geranos" genannt, „Kranichtanz", man ahmte offensichtlich die graziösen Bewegungen der Kraniche nach, ihre Hüpfschritte, ihre feierlichen Verbeugungen, ihr Drehen nach verschiedenen Richtungen. Worauf es aber bei dem Labyrinthtanz vor allem ankam, war die entscheidende Wendung in der Mittezone: Die Tänzer werden dem Leben zurückgeschenkt. Erstaunlich ist, daß es bei den griechischen Tänzen bis heute üblich ist, daß sich die Tänzer häufig mit einem Taschentuch verbinden. Es ist also nicht mehr ein durchgehendes Seil oder ein Faden, sondern nur noch ein Tüchlein („Mandili"), das sie miteinander verknüpft. Karl Kerényi weist auf einen neugriechischen Schriftsteller hin (Prevelakis), der den Spruch überliefert:

„Ich hab keinen Tanz so gern wie den Fünfer!
Drei Schritte vorwärts, zwei zurück!"

Nach anderen Traditionen wurde er so getanzt: drei Schritte nach vorn, zwei auf der Stelle, einer zurück. Es

war also ein langsames Vorankommen, dem Vorwärts-
gehen korrespondierte der Rückwärtsschritt. Der Vortänzer wurde übrigens „geranulkos" genannt, „einer,
der die Kraniche zieht". Er ist wichtig, weil er weiß,
wann die Kehre kommt, wann die umkehrende Wendung vollzogen werden muß.

Die Menschengestalt und der Tanz

WALTER F. OTTO[7]

Der Tanz in seiner altehrwürdigen kultischen Art ist die
Wahrheit und zugleich die Rechtfertigung des Seins der
Welt, von allen Theodizeen die allein unwiderlegliche
und ewige. Er lehrt nicht, er diskutiert nicht – er schreitet nur, und mit diesem Schreiten bringt er ans Licht,
was im Grunde aller Dinge ist: nicht Wille und Macht,
nicht Angst und Sorge, und was man alles der Existenz
aufbürden will, sondern das Ewig-Herrliche und Göttliche. Er ist die Wahrheit des Seienden, am unmittelbar-
sten aber die Wahrheit des Lebendigen.
Sobald das Leben ganz es selbst ist, das heißt, losgelöst
vom Momentanen und von allem Bedürfnishaften
und Zweckdienlichen, da wird es erfaßt von dem
Rhythmus und der Harmonie, von der urgöttlichen
Mathematik, die im Grunde aller Dinge waltet und
wiederum sichtbar wird in der Vollendung der Gestalt.
Da sind Freude und Trauer keine tragischen Gegensätze mehr, sondern beide geeint und durchleuchtet

von der Heiligkeit des Urwesenhaften. Das ist der Augenblick, wo das Lebewesen sich aus den Fesseln des Alltäglichen befreit und in die langsamen oder schnellen, gehaltenen oder erregten, aber immer großen und feierlichen Urbewegungen übergeht. Das bedeutet: Es ist mit dem All-Leben eins geworden, ist nicht mehr Individuum oder Person, sondern der Mensch als Urgestalt, und steht nicht mehr den wechselnden Erscheinungen und Einzelwesen gegenüber, sondern dem All der Welt. Ja noch mehr: Er steht nicht bloß gegenüber, in Zwiesprache und Antwort, sondern er ist in ihm, er ist es selbst. Das Sein mit seiner Wahrheit spricht aus Gestalt, Gebärde und Bewegung.

Wenn alle Kunst, wie die Tieferdenkenden längst wissen, eben diese Grundbedeutung hat, so ist der Tanz noch ehrwürdiger, urtümlicher als alle ihre anderen Formen. Denn hier bringt der Mensch nicht etwas hervor durch stoffliche Gestaltung, sondern er ist selbst die Antwort, die Gestalt, die Wahrheit.

Kranich-Tanz
ERHART KÄSTNER[8]

Der Kranich-Tanz wurde von jungen Männern getanzt. Kranich-Tanz, das ist ein Wort und ein Name; wenigen wird es viel sagen. Vielleicht daß er die vage Vorstellung von Storchenschritten und langen Hälsen hervorruft. Auch ich hörte über das Wort hinweg, bis ich später das

Wanderglück hatte, Kraniche tanzen zu sehen. Von großer Uferhöhe an der Fingerwurzel der Chalkidike nämlich konnte ich auf eine Lagune hinabschauen und sah Kraniche tanzen. Ihr Verneigen und Stolzieren, ihr Flügelschlagen und Drehen, ihre schwärmerischen Kreisflüge, ihre Sprünge, die hoch in die Luft gehen, ohne daß sie ihre Schwingen dabei entfalten, ihre Verneigung vor dem Kollegen, das ganze Gemache bezaubert. Es gibt da auch Humor, denn es kommt vor, daß so ein gefiederter Tänzer ein Stück Treibholz oder was es gewesen sein mag, ich konnte es so genau nicht erkennen, in die Luft warf und wieder auffing, also scherzte.

Kommt dazu, daß die Tierkunde den Kranich-Tanz nicht als bloßen Balz-Tanz ausweist, denn außer der Balz-Zeit, so höre ich, finde er statt, und es tanzen auch beide Geschlechter. Er ist also nicht, wie man meinen könnte, in die List der Leben-Weitergabe verflochten, vielmehr zwecklos. Er ist Glück, Spiel, Körper-Lust, Anmut, Gelenk-Freude, Selbstgenuß der Bewegung, Tanz eben. Der Kranich ist ja auch der Gefährte des Orpheus.

Wir wissen nicht mehr, wie der berühmte Geranos, der Kranich-Tanz um den Altar des Apollon, vor sich ging. Aber das können wir sagen: Voller Glück, voller Anmut und voller Einfälle war er. Vielleicht war jeder Tänzer in sich selber versunken ...

Spirale und Doppelspirale

Alles Leben drängt auf eine Entfaltung hin, will sich ausbreiten und seine keimhaft angelegte Gestalt zur Erscheinung bringen. Das anschaulichste Symbol dafür ist die Spirale, die gleichsam an einem winzigen Punkt beginnt und sich in konzentrischen Schwüngen um diesen Ausgangspunkt herum ausfaltet. Ein Keim drängt zum Wachstum, dieser Vorgang ereignet sich nach einem dem Samenkorn innewohnenden Gesetz. Oft kann man der Pflanze oder der ausgewachsenen Frucht noch die spiralige Form ansehen, einer Ananas etwa oder auch einem Blumenkohl. Aber auch wir Menschen entfalten unser Leben von dem winzigen Keim her und entfalten unser Dasein „in wachsenden Ringen".

Wo es aber Wachstum und Entfaltung gibt, da stellt sich auch ein Welken und Vergehen ein: Dem Leben ist das Sterben unausweichlich verbunden, so daß wir neben dem frühlingshaften Aufblühen immer auch das herbstliche Mattwerden und Absterben wahrnehmen. Der Freude an der Blüte und Farbenvielfalt gesellt sich die Trauer über das Vergilben und Vertrocknen hinzu. Und was wir im Jahreslauf der Natur beobachten, stellen wir auch am eigenen Leib und im persönlichen Lebensbogen fest. Früh haben sich deshalb die Menschen gefragt, ob sie nicht den Prozeß des Alterns und Vergehens rückgängig machen oder jedenfalls den Tod als einen Wandlungsprozeß begreifen könnten, der zu einem neuen Leben führt. Vor allem in der minoischen Kunst (aber auch in ganz anderen kulturellen Traditionen) finden wir die Doppelspirale und die Endlosspirale, die diesem Wechsel von Sterben und Auferstehen, Tod und Wiedergeburt Ausdruck geben. Die spiralige Linie entfaltet sich, bis sie voll entfaltet ist, dann „rollt" sie sich wieder ein, bis sie beim „Nullpunkt" angekommen ist und zu einem weiteren Werdeprozeß ansetzen kann. Wie viele Krüge, Amphoren und Gefäße aus dem alten Kreta haben diese umlaufende Figur, sie ist mehr als eine Schmuckleiste, weil sie der großen Hoffnung auf ein wiedergeschenktes Leben Ausdruck gibt. Damit sich der Mensch mit diesem Rhythmus vertraut macht und sich auf den Prozeß der Wandlung vorbereitet, gab es im klassischen Griechenland die Mysterienkulte, vor allem den der Demeter und Persephone zugehörigen Eleusinischen Kult. Aber die Spirale konnte auch im Tanz dargestellt werden, so daß der linksgeführten Wendung nach Innen (in den Todesbereich) die Umkehr nach rechts und zum neuen Leben folgte.

Aber die Spirale hat noch eine andere Bedeutungsdimension. Während die Ausfaltung von Innen nach Außen ein Vorgang des aktiven Geschehens ist, weil ja das keimhaft Angelegte sichtbar und wirksam werden soll, gibt es auch eine Spiralbewegung von außen nach innen. Kommt nämlich der Mensch zu einem Punkt, an dem er merkt, daß er in der Gefahr ist, sich zu verlieren, sich in die Beliebigkeit zu zerstreuen, dann muß er sich um eine Kontrastbewegung bemühen. Er nimmt seine Aktivität zurück, rollt sich gleichsam wieder ein und bemüht sich, zu seiner eigenen Mitte eine Beziehung aufzunehmen. Während in der Entfaltungsphase die Spannkraft und das planende Engagement im Vordergrund standen, die hellwachen Augen und die Lust am Schaffen der Hände, so tritt jetzt eine ganz andere Bemühung in den Vordergrund: die Wahrnehmung mit geschlossenen Augen, das Wartenkönnen, die Besinnung auf die geheimnisvolle Tiefe.

Im Laufe unseres Lebens gibt es für beide Vorgänge fruchtbare Zeiten. Wenn wir eine Phase aktiven Tuns erlebt haben, muß vielleicht eine Phase der Ruhe und der „Innenwendung" folgen, die wieder abgelöst werden kann durch eine gestalterische. Aktion und Meditation widerstreiten nicht, sie sind vielmehr polar aufeinander bezogen und bedingen sich gegenseitig. Wer nicht der Trägheit verfallen will, der braucht Ziele und Lust am Tun. Wer nicht in einem blinden Aktionismus befangen sein will, braucht die Einkehr und Stille.

Todesreise und Wiedergeburt

Auch in Melanesien und Indonesien haben sich laby-rinthartige Zeichen erhalten, die zwar einen etwas anderen Charakter haben, aber insofern bedeutsam sind, weil sie auch Ausdruck einer Todesreise sind und durch Tanz und Rituale zu einem neuen Leben führen sollen.

In Malekula, einer Insel der Neuen Hebriden, zeichnet ein weiblicher Wächtergeist eine komplizierte Figur in den Sand, die den Weg darstellt, den der Verstorbene gehen muß, um ins Totenreich zu gelangen und wie-dergeboren werden zu können. Der Lebende muß sich diese Figur innerlich einprägen, denn wenn er stirbt, gelangt er auf dem Weg zum Totenreich zu einem hohen Felsen und einem Zaun.

Der Geist löscht nun die auf dem Boden gezeichnete Figur zur Hälfte aus; kann der Gestorbene sie wieder richtig ergänzen, dann wird ihm der Weg „durch die Mitte der Figur" freigegeben und es steht dem Wand-lungsprozeß nichts mehr im Wege. Hat der Verstorbene aber die „Landkarte der Unterwelt" nicht behalten und kann also auch die Figur nicht ergänzen, dann wird er von dem Wächtergeist verschlungen. Der Tote muß von der Mutter Erde aufgenommen werden, damit ihm eine Wiedergeburt zuteil werden kann. Der Zugang zur Erde (gleichsam der Muttermund) wird durch die labyrinthartige Figur bezeichnet. Aber nur der ins Mysterium Eingeweihte, der das Geheimnis des Zeichens verinnerlicht hat, kann aufgenommen werden. Auf der Insel Ceram in Indonesien hat sich (jedenfalls bis zum Beginn des 20. Jahrhunderts) ein Brauch erhalten, in dessen Mittelpunkt ein Maro-Tanz steht, der neun Nächte lang ausgeführt wird. Karl Kerényi berichtet: „Die Tänzergruppe bewegt sich in gemessen stampfenden Schritten unter dreistimmigem Gesang im Kreis herum, und zwar entgegengesetzt dem Sinne des Uhrzeigers. Der Maro wird auch heute noch fast nur aus zeremoniellen Anlässen getanzt und hängt zweifellos auf das engste mit den Vorstellungen von der Totenreise zusammen." Die Tänzer müssen durch ein Tor hindurchtanzen, wo sie von der Totengöttin empfangen werden. Der Spiraltanz in der Richtung des Todes (nach links) muß vollzogen werden, damit das Leben wiedergewonnen werden kann. Vielleicht hat die Neunzahl der durchtanzten Nächte etwas mit den neun Monaten einer Schwangerschaft zu tun, auch die Tanzspirale hat nämlich neun Umschlingungen.

Konstruktion und Funktion
des Mandala
MIRCEA ELIADE[9]

Mandala, dieser Terminus bedeutet wörtlich „Kreis". Die tibetanischen Übertragungen geben es bald mit „Zentrum", bald mit „das Umgebende" wieder. Tatsächlich stellt ein Mandala immer eine Reihe konzentrischer oder auch nichtkonzentrischer Kreise in einem Viereck dar. In diesem – auf dem Erdboden mittels farbiger Fäden oder gefärbtem Reismehl abgebildeten Diagramm nehmen die verschiedenen Gottheiten des tantrischen Pantheons Platz. So verkörpert das Mandala eine imago mundi und zugleich ein symbolisches Pantheon.

Die Initiation des Neophyten besteht unter anderem darin, in die verschiedenen Zonen einzudringen und zu den verschiedenen Ebenen des Mandala zu gelangen. Dieser Durchdringungsritus läßt sich als Entsprechung des wohlbekannten Tempelumwanderungsritus, *pradakshina,* auffassen – oder auch als Entsprechung des allmählichen Aufstiegs von Terrasse zu Terrasse bis zu den „reinen Gefilden" der höchsten Ebene des Tempels. Andererseits kann das Eintreten des Neophyten in ein Mandala auch mit jener Initiation gleichgesetzt werden, die man durch das „Eindringen in ein Labyrinth" erringt; gewisse Mandala haben übrigens einen ausgeprägt labyrinthischen Charakter. Genau so wie die Funktion des Labyrinths läßt sich die des Mandala als zumindest doppeldeutig auffassen: Auf der einen Seite kommt das Eintreten in ein auf den Boden gezeichnetes Mandala einer Initiation gleich; andererseits „schützt" das Mandala den Neophythen vor jeder äußeren schädlichen Kraft und hilft ihm zugleich, sich zu konzentrieren, sein eigenes „Zentrum" zu finden.

Doch jeder indische Tempel, ob aus der Höhe oder in flächenhafter Projektion gesehen, ist ein Mandala.

Jeder indische Tempel ist, so wie das Mandala, Mikrokosmos und Pantheon in einem. Warum also ein Mandala konstruieren? Wozu ist ein neues „Weltzentrum" nötig? Einfach darum, weil sich für manche frommen Menschen, die die Notwendigkeit einer wahrhaftigeren, tieferen religiösen Erfahrung fühlten, das überlieferte Ritual als erstarrt erwies: Für sie war die Errichtung eines „Feueraltares" oder die Ersteigung der Terrassen eines Tempels nicht mehr das geeignete Mittel, ihr „Zentrum" wiederzufinden. (...)

Jedes menschliche Wesen strebt, sogar in seinem Unbewußten, dem Zentrum sowie seinem eigenen Zentrum zu, das ihm die ganze Wirklichkeit, die „Heiligkeit" verleiht. Dieser tief im Menschen verwurzelte Wunsch, sich im Herzen des Wirklichen, im Weltzentrum zu befinden, dort, wo die Verbindung mit dem Himmel zustande kommt, liefert die Erklärung für die übermäßige Inanspruchnahme von „Weltzentren"... Die menschliche Wohnstätte wurde mit dem Weltall gleichgesetzt, der Herd oder das Rauchloch mit dem Weltzentrum. Auf diese Art befanden sich schließlich alle Häuser – wie auch alle Tempel, Paläste und Städte – in ein und demselben gemeinsamen Punkt: im Mittelpunkt des Universums.

Das Mandala
und der Berg des Aufstiegs
HEINRICH ZIMMER[10]

Man darf den Boro Budur (einen buddhistischen Tempel auf Java) das größte Mandala nennen, das die Kunst des Buddhismus jemals als Sinnbild seiner Wahrheit in die Welt des Sichtbaren gestellt hat.

Der geheime Sinn seiner in symmetrischer Ordnung gebändigten Formenfülle entschleiert sich nicht, wenn man seine große Anlage einfach als ein in sich ruhendes Gebilde aufnimmt, wie es sich vor dem Auge des Uneingeweihten ausbreitet. Der Boro Budur ist ein Wallfahrtsziel. Die Struktur seiner übereinander aufsteigenden Galerien und Wandelgänge ist wie ihr reicher figuraler Schmuck durch und durch aus seiner Bestimmung zu begreifen, daß er in spiralenförmigem Pilgergange abgeschritten und bis zur Höhe bezwungen sein will. Der Sinn des Boro Budur ist, im Wallfahrer, der seine mit figuralem Schmuck beladenen Terrassen umwandelt und zu seinem schmucklosen Gipfel aufsteigt, einen seelischen Prozeß, eine vollkommene Wandlung seines Seinsgefühls auszulösen, die der erwähnten Mandalas wesensverwandt ist. Das streng geometrische Schema seines Aufbaus, in dem äußere Vierecke als Grundlagen innere Ringe umschließen und tragen, scheint geschaffen, den figuralen Symbolen eines inneren Prozesses und einer großen Wesensaussage, die in ihm erfahren wird, Raum zu gewähren, sich nebeneinander in sinnvoller Ordnung zu entfalten. Ebenso aber scheint der ganze figurale Schmuck seinerseits nur bestimmt, das strenge architektonisch-geometrische Gefüge in seinem Sinne zu verdeutlichen, das vom Pilger, der kreisend in seinen Stufenbau eingeht, leiblich und seelisch als Dynamik erfahren wird. Zwischen der Ordnung des Grund- und Aufrisses und ihrer reichen figuralen Füllung besteht dieselbe absolute ideelle Verbindung, wie zwischen dem linearen Schmuck und der figuralen Symbolwelt eines gemalten Mandala. (...)

Auch die einfache terrassenlose Anlage des Kuppelbaus von Barhut (auf dem indischen Festland) hat mit ihrem reliefgeschmückten Zaun den Sinn, im Pilger, der sie verehrenden Ganges nach rechts herum umkreist, ein geistiges Erlebnis dynamisch zu entwickeln: Während seine Augen die lange Reihe der Zaunreliefs mit Szenen aus der äonenlangen Wanderung des Buddha Schâkyamuni zur Erleuchtung, die Nirvâna ist, entlanggleiten, nimmt er – selbst noch fern vom höchsten Ziel – auf seinem Rundgange in der Spur des „Pfadbereiters" wandelnd diesen Weg bis ins Nirvâna, das durch den Kuppelbau der Mitte sinnfällig dargestellt wird, betrachtend und bedenkend innerlich vorweg. Eine Wallfahrt nach Barhut konnte für den Gläubigen bedeuten, in einem sinnfälligen Prozesse symbolisch-nachahmend an sich durchzumachen, was ihm die Buddhalegende als weltalterweiten, in seiner Typik verpflichtenden Entwicklungsgang des Meisters

erzählend gelehrt hatte. In den heiligen Bezirk des
Steinzaunes tretend, begann er in seinem wissens-
schweren Abschreiten eine erschütternde symbolische
Nachfolge des Buddha und ward sich, über viele Wiedergeburten aus dem Samsâra zur Erleuchtung ihm
nachgleitend, aufs vollkommenste seines gleichen
Weges und Zieles bewußt.

Vier quadratische Terrassen (des Boro-Budur), eine
über die andere aufsteigend, umschließen mit gebro-
chenen Linien die kreisförmige Mitte, die sich in drei
kuppelbesetzten Ringstufen von der Kuppel des Gip-
fels ihnen entgegensenkt. Ihre viereckigen Wandelgänge sind eine formerfüllte Welt... Erst auf der höchsten der gewinkelten Terrassen verebbt die Flut des
Bildlichen. Die äußere Wand senkt sich zu kuppelge-
kröntem Zaun, der bildlos zur Linken des Pilgers die
formleere Himmelswölbung wachsen läßt. Denn die
oberen quadratischen Umgänge gehören schon nicht
mehr der formerfüllten Welt der Sinne, sondern den
Ebenen formerfüllter Schau...
Schreitet der Wallfahrer über seine gestalterfüllte, relief-
geschmückte Sphäre hinaus, so gelangt er auf die
oberen Kreisterrassen. Hier scharen sich zweiundsieb-
zig kleinere Kuppeln mit netzartig durchbrochenem
Steinmantel um eine große ganz geschlossene Kuppel
auf erhöhter Mitte. In diesem Bezirk sind alle ver-
schwenderischen Formen bildlicher Darstellung und
fortlaufenden Ornaments geschwunden... Die kleine-

ren Kuppen überragt der Gipfel der ganzen Anlage: ein zentraler massiver Kuppelbau. Er trägt eine Buddha-gestalt in sich, die er mit rings geschlossener Wölbung dem Auge ganz entzieht... Hier erfährt der Pilger in äußerer sinnfälliger Umgebung, für die der ganze Bau als *yantra* dient, den Heimweg aus den äußeren Sphären eines Mandala, die Bewußtsein, Welt und Ich in unter-schiedlichen Prägungen sind, zu dessen Kern: zum eigenen wahren unaussagbaren Wesen.

Gemeinsamkeiten und Unterschiede zwischen Labyrinth und Mandala

Sowohl das Labyrinth (in seinen unterschiedlichen Gestaltungsformen) als auch das Mandala (mit seinen Variationen) gehören zu den großen symbolträchtigen Zeichen, die in der Kultur, der Religion und in der Kunst der Menschheitsgeschichte eine staunenswerte Verbreitung und nachhaltige Bedeutung bekommen haben. Beide sind sie jahrtausendealt, in verschiedenen Erdteilen verbreitet und mit einer Vielheit der Interpre-tationsmöglichkeit versehen, daß sie immer wieder neu und anders gedeutet worden sind.

Da solche Menschheitssymbole immer in einem bestimmten gesellschaftlichen und religiösen Kontext stehen, müßte dieser unterschiedliche kulturelle Hin-tergrund untersucht werden. Da das hier nicht geleistet

werden kann, sollen wenigstens einige Aspekte aufge-
zeigt werden, die ihre Verwandtschaft und ihre Ver-
schiedenheit deutlich machen sollen.

Das Labyrinth hat Weg-Charakter, das ist sein wesentli-
cher Grundzug. Ob man nun ein Labyrinth als Tanzplatz versteht, als ober- oder unterirdisches Bauwerk,
als Fußbodenmosaik oder als Figur, die aus Fliesen
zusammengesetzt ist, immer gibt es einen Zugang, der
zum Eintritt einlädt, gibt es die pendelartig hin- und
herschwingenden Wege, die sich – wenn auch auf
Umwegen – der Mitte annähern. Der Labyrinth-Wan-
derer ist auf der Suche nach dem Zentrum.

Auch das Mandala lädt zu einem Weg ein, in einer
meditativen Bewegung wird ein Zugang durch eines
der „Tore" gesucht, um verschiedene Schichten und
Dimensionen der Figur zu durchwandern. Auch hier
geht das Verlangen, sich dem Zentralbereich zu nähern
und schließlich im Innern „anzukommen".

Labyrinthe können gebaut und gezeichnet sein, in
Stein geritzt und in Mosaik ausgeführt, man kann sie
betrachten oder mit den Füßen gehen, mit den Fingern
nachzeichnen oder in Gedanken verinnerlichen.
Mandalas gibt es in gemalter Form, als Sandmalerei mit
verschiedenfarbigen Sanden, es gibt aber auch tempel-
artig gebaute Mandalas in Indien und auf Java. Auch
hier gibt es den beschreitbaren Weg in das Mandala

oder auf den Mandalaberg oder die Konzentration auf ein innerseelisch vorgestelltes Mandala.

Das Labyrinth kann dazu beitragen, sich selbst besser zu begegnen. Weil wir uns meist nur mit unserem „Tagbewußtsein" identifizieren, kann der labyrinthische Weg uns auch die eigene Nachtseite nahebringen. Und weil wir den Tod gern verdrängen, werden wir mit dem Sterben und der Todesseite der Existenz konfrontiert. – Das Mandala ist ein Ganzheitszeichen, das die Gegensätzlichkeit alles Seins auszudrücken sucht; das Helle und das Dunkle, das Lebendige und das Tote hat darin Platz, das Schöne und das Schreckliche nicht minder.

Der Weg ins Labyrinth dient dazu, seine Ganzheit zu finden und seine eigene Polarität wahrzunehmen. Ein berühmter Spruch lautet: „Im Labyrinth verliert man sich nicht, im Labyrinth findet man sich." Ähnliches läßt sich auch vom Mandala sagen, der Meditierende wird mit allen Wirklichkeitsfeldern konfrontiert: Das Zerteilte und Abgespaltene soll wieder mit dem Ganzen vereinigt werden.

Das Labyrinth hat bei einer Stadtgründung eine Rolle gespielt: Das Zeichen sollte dazu beitragen, aus dem Chaos eine Ordnung zu machen, die Mitte des Labyrinths war das sichtbare Zeichen für die Mitte der Welt. Auf sichtbare Weise wurde die Weltentstehung vergegenwärtigt. – Ein gebautes oder gemaltes Mandala macht den optischen Eindruck eines Tempels oder einer symmetrischen Stadt. Man kann das Mandala als ein Kosmogramm verstehen, als Symbol für die Schöpfung.

Der Gang in das Labyrinth war aber auch ein Gang in den Tod, mindestens in einen rituellen Tod. Zur Initiation, der Einweihung in das Mysterium, gehörte auch die Todesbegegnung, damit ein neues Leben gewonnen werden konnte. Der ersten Geburt stand dann die Wiedergeburt gegenüber. In die rituelle Sichtbarkeit wurde dieser Vorgang durch die „Wendung" gehoben: der Initiand kehrte in der Mitte des Labyrinths um und näherte sich dem Licht und dem Leben.

Hier enden die Gemeinsamkeiten. Das Mandala kennt nämlich nicht den Rückweg, den Abstieg vom Berg, sondern den Überstieg. Im Zentrum des Mandalas, im „Palast", wartet Buddha, der den Überschritt vom Sinnenhaft-Irdischen zum Nirvâna schon vollzogen hat. Er ist aus dem Kreislauf der Geburten und Wiedergeburten befreit und in die andere Seinsweise übergegangen. Und der Meditierende möchte diesen Überschritt ebenfalls vollziehen.

Auch ein anderer Aspekt deutet auf einen Dissens: In vielen Darstellungen von Labyrinthen findet sich eine Kampfszene: die Tauromachie, der Sieg des Theseus über den Minotaurus. Es muß also ein Kampf ausgetragen werden, damit die „Rückreise" angetreten werden kann. – Auch im Mandala gehört die Begegnung mit den schrecklichen Gottheiten zur meditativen Reise, aber von einem Kampf ist nicht die Rede.

Die Ähnlichkeit und innere Verwandtschaft der beiden Zeichen dürfte stärker ausgeprägt sein als ihre Unterschiedlichkeit. Vor allem die Verbindung des äußeren Vierecks mit der inneren Kreisform ist auffällig. Allerdings ist die „Wegsuche" deutlich verschieden. Im Labyrinth muß der „Wanderer" ausdauernd und stetig die vorgegebenen Windungen und Umwege mitvollziehen, bis er in die Mittezone gelangt, im Mandala muß der Meditierende zwar auch alle Zonen und Bereiche von außen nach innen durchqueren, aber es sind keine vorgebahnten Pfade.

Beide Zeichen sind magische Figuren, die eine starke Wirkung ausüben: Sie ziehen hinein, verstricken in die Abenteuer der Seele und verändern den Menschen so stark, daß er eine Wandlung erfährt.

Wandlungen im Verständnis
des Labyrinths

War das Labyrinth ursprünglich ein Gebäude, ein Tempel für eine Gottheit, war es ein Tanzplatz, um dort den Labyrinthtanz tanzen zu können? Wir wissen es nicht. Frühe Abbildungen auf kretischen Münzen und einer etruskischen Kanne lassen sich sowohl als Hinweis auf einen Tanzplatz beziehen als auch auf die Choreographie des Tanzvorgangs. Offensichtlich hatte der Tanz sehr genau festgelegte Figuren, die durch das labyrinthische Schema skizziert wurden.

Es sieht ganz so aus, daß man auch schon in der Antike bald nicht mehr wußte, wie die Grundstruktur des Labyrinths aussah: Man verstand zunehmend darunter einen Irrgarten oder ein Gebäude mit einem Gewirre von Gängen und Räumen, aus dem man nur schwer herauskommen konnte.

Aber es gab auch schon früh Reiterspiele, die auf der Grundlage eines labyrinthisch strukturierten Platzes stattfanden, die sogenannten Trojaspiele. Sie wurden z.B. bei einer Beerdigung abgehalten und hatten wohl eine doppelte Funktion: Einerseits sollte die Seele des Verstorbenen in die andere Welt auf symbolische Weise begleitet werden, andererseits hatte das Labyrinth eine apotropäische Wirkung, es sollten also böse Geistmächte abgewehrt werden.

Diese Schutzfunktion hat man dem Labyrinth wohl schon früh zugesprochen. Deshalb taucht dieses Zeichen oft an den Wänden der Häuser auf, noch in mittelalterlichen Kirchen. Man nahm an, die Dämonen könnten nur geradeaus fliegen. Stoßen sie auf ein Labyrinth, so werden sie verwirrt und getäuscht, sie wissen nicht mehr, wie sie weiterkommen können und lassen von ihren Plänen ab.

Einen völlig anderen Deutungszusammenhang finden wir, wenn wir den labyrinthischen Weg als Symbol der Initiation verstehen. In den frühen Kulturen wurden die jungen Menschen bei Beginn der Pubertät vom übrigen Stamm getrennt, in einer Initiationshütte zusammengeführt und auf ihr Leben als Erwachsene vorbereitet. Dabei spielte – neben dem Vertrautwerden mit den bestimmenden Mythen und religiösen Bräuchen des Stammes – die Konfrontation mit dem Tod eine besonders wichtige Rolle. Die jungen Leute starben gewissermaßen einen rituellen Tod und wurden in ein neues Leben hineingeführt, was oft mit der Verleihung eines neuen Namens symbolisiert wurde. Das Labyrinth mit seinem Gang ins Dunkel der geheimnisvollen Mitte und der Rückkehr ans „Licht" des neuen Daseins ist ein sprechendes Symbol für diesen Vorgang.

Auch wenn in späteren Kulturen die Institution einer generell verpflichtenden Initiation aufgegeben wurde, sind diese Zusammenhänge doch nie ganz verloren gegangen. So ist die Taufe immer als Sakrament der Initiation verstanden worden: Der Täufling mußte eine lange Zeit des Katechumenats durchstehen, mußte Prüfungen ablegen und wurde schließlich – meist in der Osternacht – im Taufbecken untergetaucht – was als symbolischer Tod und als Teilnahme am Kreuzestod Christi galt – und nach dem Herauskommen aus dem Wasser mit dem weißen Kleid umhüllt, was die Sichtbarwerdung der Wiedergeburt, die Teilnahme an der Auferstehung Jesu bedeutete.

Ebenso weisen die Riten bei der Aufnahme in die Ordensgemeinschaften die Ablegung der Gelübde, die Priesterweihe usw. auf diese initiatischen Traditionen hin. Auch bei diesen Vorgängen muß ein „Tod" durchgestanden werden, ein radikaler Abschied vom bisherigen Leben, es wird ein neuer Anfang geschenkt. Und die Ordensleute bekommen einen neuen Namen.

So verstanden, ist der „Gang ins Labyrinth" ein stationsreicher Weg: Zunächst muß der Abschied gewagt werden, die alten Bindungen werden gelöst, die Sicherheiten aufgegeben, der Abstieg in ein Dunkel beginnt, das unbekannt ist und deshalb Angst verursacht. Der Mensch findet sich plötzlich allein vor, muß die Einsamkeit aushalten, das Schweigen üben, sich dem Schrecklichen stellen. Es ist auch eine Konfrontation mit der eigenen Wirklichkeit, den Abgründen der seelischen Tiefe. Im Zentrum der eigenen Tiefe kann aber

auch das „wahre Selbst", das Persongeheimnis des eigenen Wesens entdeckt werden. Dann ist es Zeit, die
Umkehr zu vollziehen und den Rückweg anzutreten.
Es kommt aber nicht der „alte Mensch" zum Vorschein,
sondern ein gereiftes Wesen, das um seine eigenen
Stärken und Schwächen weiß und nun seinen Weg ins
neue Leben antreten kann. Vielleicht ist das Labyrinth
als Symbol des Reifungs- und Erkenntnisweges eines
der bedeutsamsten und gewichtigsten Zeichen der
menschlichen Geistesgeschichte.

Die Labyrinthdarstellungen in den mittelalterlichen
Kirchen nehmen auf diese Zusammenhänge Bezug.
Aber sie bekommen noch einen zusätzlichen mora-
lisch-ethischen Akzent: Die Windungen und Ver-
schlingungen des Labyrinths stehen für die Versuchun-
gen der irdischen Welt. Wer sich auf den Weg des Heils
gemacht hat, muß diesen Weg unbeirrt weitergehen
und soll sich durch die vielen Umwege nicht verunsi-
chern lassen. Die „sündige Welt" kann ihm nichts
zuleide tun, wenn er auf dem Wege bleibt, bis er ins
Zentrum gelangt ist – und vom gestorben-auferstande-
nen Christus empfangen wird. Dann kann er sich wieder auf den Rückweg begeben, um gestärkt und ermu-
tigt seine Aufgabe in der Welt zu erfüllen.

Das Labyrinth als Metapher

Schon in der Antike hat man das Bild vom Labyrinth als Metapher benutzt. Hier muß man natürlich eher an einen Irrgarten denken als an ein Labyrinth im strengen Sinn. Wenn sich ein Mensch im Gewirr der möglichen Wege nicht mehr auskennt und nicht mehr weiß, welcher Weg zum Ziel führen kann, dann empfindet er seine Lage als eine labyrinthische. Und weil das kretische Labyrinth als Aufenthaltsort für den Minotaurus gebaut wurde, kann Labyrinth auch als Ausdruck für Gefängnis gebraucht werden. Die ausweglose Lage ruft Angst und Verzweiflung herauf. Der Ruf nach einem Retter wird laut, der sich auskennt und die Fähigkeit hat, das Verließ aufzubrechen und die Gefangenen herauszuführen.

Aber auch ein philosophisches Gespräch kann sich verheddern und nicht zum Ziel führen, so daß man trotz intensiver Bemühung keine Lösung eines Problems, keine Antwort auf eine Frage findet. Im platonischen Dialog „Euthydemos" greift Sokrates dieses Bild so auf: „Was soll ich dir von allen unsern einzelnen Versuchen berichten! Als wir aber an die Herrscherkunst kamen und nun diese darauf ansahen, ob sie vielleicht diejenige sei, welche die Glückseligkeit verleihe und zuwege bringe, da gerieten wir dabei wirklich in ein wahrhaftes Labyrinth; denn da mußten wir, als wir schon am Ziele zu sein glaubten, von neuem wieder umwenden, und es zeigte sich, daß wir uns von neuem gleichsam im Ausgangspunkte unserer Untersuchung befanden, und daß uns noch immer gerade so viel fehlte wie damals, als wir unsere erste Nachforschung begannen."

Kommt ein Mensch mit sich selbst nicht zurande, weil die widerstrebenden Kräfte sich nicht ordnen wollen, dann mag er sich in einem innerseelischen Labyrinth befinden. „Zeigen Sie mir einen andern Weg aus meinem Labyrinthe! Ich muß es durchbrechen oder darin umkommen", heißt es bei Geßner (1762), und Wieland spricht von einem „Labyrinth von Zweifeln". Auch die ganze Welt kann als chaotische Wirklichkeit erlebt werden, als undurchdringliches Labyrinth, so daß die Menschen ausschauen nach einem Heilbringer, der Wege weist und Rettung bringt. Bei Klopstock ist von einem tausendarmigen Strom des Heils die Rede, „der herab durch das große Labyrinth strömt". Wieland hofft auf einen „sichern Leitfaden durch den Labyrinth des Lebens". Die Auflösung der labyrinthischen Zustände wird vor allem als religiöse Hoffnung gekennzeichnet. „Einst löst des Schicksals Vater in Klarheit auf, was Labyrinth war" (Klopstock). Solange wir leben, müssen wir auch die „labyrinthische Existenz" aushalten.

„Der Schmerz wird neu, es wiederholt die Klage des Lebens labyrinthisch irren Lauf" (Goethe).

Auch in der Gegenwart ist die Metapher noch geläufig und taucht immer wieder auf. So finden sich bei Michael Ende die Verse:

„Wir suchen nach dem Ausgang aus den Mauern
der Labyrinthe, darin wir uns verfingen."

Wenn man den Gebrauch des Bildwortes betrachtet, fällt auf, daß die Metapher gleichsam in zwei Richtungen verwendet wird. Das eine Mal geht es darum, ins Innere vorzustoßen, zum „Kern der Sache" zu gelangen, endlich das Zentrum zu erreichen, von dem aus sich alles zu klären scheint. Da türmen sich zwar die Schwierigkeiten und es sind zahllose Konflikte zu lösen, aber wer den rechten Weggeleiter gefunden hat, der kann zuversichtlich sein, er wird das Ziel erreichen. – Der andere Aspekt dreht die Fragestellung gerade um: Wir stecken im labyrinthischen Dschungel, haben die Übersicht eingebüßt und suchen mit allen Mitteln den Weg nach draußen. „Nimm hin den Faden durch das Labyrinth", heißt es bei Brentano, es ist der Rettungsfaden, der aus dem Dunkel ins Licht führt, aus dem Chaos zur Ordnung, aus dem Gefängnis in die Freiheit.

Auf diese Weise wird die „Spannweite" der Metapher deutlich, die sich offenbar immer dann nahelegt, wenn ein Weg gesucht wird, sei es nun ein Weg ins geheimnisvolle Dunkel oder ein Weg in das helle Licht des Tages.

Der Ariadnefaden

Nach dem kretisch-athenischen Mythos kam Theseus nur deshalb nach dem siegreichen Kampf gegen den Minotaurus aus dem Labyrinth heraus, weil sich die Minos-Tochter Ariadne in Theseus verliebt und ihm – auf den Rat des Dädalos hin – einen Rettungsfaden gegeben hatte, der ihn wieder aus dem Verlies herausführte. Neben einem Steinrelief in der Mauer der Kathedrale von Lucca mit einem Labyrinth ist folgende Inschrift erhalten: „Dies ist das Labyrinth, das der Kreter Dädal erbaute und aus dem niemand hinausgelangt, der im Inneren war, ausgenommen Theseus; und auch ihm wäre es nicht gelungen, hätte ihm nicht Ariadne mit einem Faden geholfen, aus reiner Liebe."

Nun hat man sich immer wieder gefragt, warum man im Labyrinth einen solchen Leitfaden braucht, obwohl doch die Wege innerhalb des Labyrinths zwar komplizierte Pendelschwünge beschreiben, aber keine Kreuzungen und keine Weggabelungen kennen. Man muß doch nur alle Wege und Umwege zurückgehen und gelangt heil wieder nach draußen. Nun sind Mythen keine festgelegten Lehrsysteme, sondern Geschichten, die im Laufe der Zeit umgedeutet und neu verstanden werden. Verstand man ursprünglich unter einem Labyrinth einen Tanzplatz, auf dem eine Gruppe von Tänzerinnen und Tänzern durch ein Seil verbunden war, dann hatte der „Ariadnefaden" noch eine ganz andere

Funktion: Bei dem kultisch-rituellen Geschehen führte der Vortänzer in spiralig-labyrinthischer Engführung in eine Mitte, die Tod und Unterwelt darstellte. Und weil nun der Tanzführer sich wendete und den ganzen Chorus wieder nach außen führte, war man dem Todesbereich entronnen. Die Verbindung mit dem Seil war also wichtig, damit jeder wieder zum Leben zurückkehren konnte.

Schon in der Antike hat man offensichtlich die Vorstellung von einem Labyrinth geändert. Aus dem Tanzplatz wurde ein Verlies, ein Gefängnis, vielleicht sogar ein unterirdisches Höhlensystem. In einem solchen finsteren Gebilde wurde der Faden höchst wichtig, damit man sich nicht verirrte und den Rückweg verlor. Und weil es ja auf Kreta und in Griechenland viele Höhlen gibt, die in der Antike oft als Zugang zum Hades angesehen wurden, legt es sich nahe, im Rettungsfaden eine triftige Notwendigkeit zu sehen.

Weil aber ein symbolträchtiges Bild zwar durch den Mythos gedeutet und verstehbar wird, dann jedoch den Charakter einer vielschichtigen Metapher bekommt, können wir noch einen Schritt weiter gehen. Der Faden als Bildwort für ein sicheres Geleit oder eine rettende Hilfestellung ist ja längst in unsere Sprache eingegangen. Er kann eine positive Bedeutung bekommen, wenn wir an die nährende Nabelschnur eines Embryos denken, an das Bergseil einer alpinen Klettergruppe, an das „soziale Netz", das den Einzelnen auch dann noch auffängt, wenn er in Schwierigkeiten geraten ist und auf die Hilfe anderer angewiesen ist. Schlimm ist es dann, wenn der Faden reißt, das haltende Netz zerbricht, wir bedürfen der Verflechtung mit anderen Menschen und einer tragenden Gemeinschaft. – Aber es gibt auch eine negative Bedeutungsschicht, wenn wir daran denken, daß wir „gegängelt" werden, daß die leitenden Fäden uns zu Marionetten werden lassen, die ihre Entscheidungsfreiheit eingebüßt haben. Das Gängelband möchten wir am liebsten zerreißen, aber es mag sein, daß wir uns dann plötzlich sehr ungeschützt vorkommen und wieder nach einem Haltetau Ausschau halten.

Der Ariadnefaden als Bildwort macht uns deutlich, wie sehr wir Menschen auf Hilfestellung und Geleit angewiesen sind, vor allem in unserer Kindheit und Jugend, aber in gewisser Weise unser ganzes Leben lang. Wenn man den Lebensweg als abenteuerliche Reise versteht, bei der wir zu ungebahnten Zonen kommen, Abgründe übersteigen müssen und gefährliche Routen zu bewältigen haben, dann wird uns klar, wie sehr wir die sichernden Taue nötig haben.

Und noch ein Zusammenhang legt sich nahe: Wer sich auf die geistige Reise begibt und die Schichten seiner eigenen seelischen Tiefe kennenlernen will, der ist auf einen verläßlichen Geleiter angewiesen. Sowohl das

„Abenteuer Meditation" braucht einen spirituellen Führer, der uns eine Weile an seinem Halteseil festhält und nicht in die Ratlosigkeit abstürzen läßt, wenn wir beunruhigende Erfahrungen machen und mit den eigenen Schattenwelten konfrontiert werden. – Noch wichtiger wird uns der „Meister", wenn wir seelisch erkranken und „nicht mehr ein noch aus" wissen und unser bisheriges Selbstverständnis zusammenbricht, so daß wir in der Ausweglosigkeit auf das zugeworfene Halteseil hoffen.

Vermutlich kann sich jeder von uns an diverse Ariadnefäden in seinem Leben erinnern. Ariadne kann viele Namen annehmen.

Salomons Labyrinth

Wenn du von einem Labyrinth hörst, Fremdling, das Salomon aus seinem Geiste gebildet und mit im Bogen aneinandergesetzten Steinen erbaut hat: dessen Gefüge, Figur und Vielfalt zeichne mit Strichen von dunkler Tinte maßstäblich nach, betrachte dabei die unzähligen Windungen, nämlich die kreisrunden Bahnen, die von innen nach außen führen und sich von dort wieder bogenförmig nach innen winden, und erkenne darin den kreisförmigen Lauf des Lebens, der die Schlüpfrigkeit der gefahrvollen Windungen aufzeigt, (die) aus den runden, kreisförmigen Biegungen (herauskommen); denn der Lebenslauf windet sich Strecke für Strecke in Drehungen, – wie der in seinen Windungen böse Drache – deutlich im Verborgenen daherkriechend.

Das Labyrinth hat ein schief angebrachtes und schwer zugängliches Tor: Wie weit du zu laufen hast, wenn du von außen nach innen eilen willst, soweit führt es dich wieder durch die enggewordenen Irrbahnen (von) innen zur Tiefe des Ausgangs; mit seinen Wegen nach außen verhext es dich Tag für Tag, und spottend treibt es mit den Windungen der (eitlen) Hoffnung sein Spiel mit dir wie ein Traum mit seinen leeren Gesichtern, bis der Regisseur Chronos zerfließt und, ach, der Dunkelschaffer Tod dich empfängt und dir keine Möglichkeit mehr gibt, zum Ausgang zu gelangen.

Ein griechisches Gedicht aus dem Mittelalter (um 1400)[12]

Das Labyrinth
in mittelalterlichen Kirchen

Schon in manchen Kirchen der Spätantike (z.B. der Reparatus-Basilika im heutigen Algerien) gab es Labyrinth-Mosaiken. Die Frage drängt sich auf, was dieses „heidnische" Symbol der antiken Mythologie in einer Kirche zu suchen hat. Es ist hier eine Neuinterpretation der überlieferten Figur vollzogen worden, die auch deshalb interessant ist, weil sie zeigt, daß im jungen Christentum mit einer gewissen Unbefangenheit die Bildformen und symbolischen Motive der vorchristlichen Frömmigkeit aufgegriffen und in einen neuen gedanklichen Zusammenhang gebracht wurden. Beim Zugang in das Labyrinth ist sogar noch – in Schlangenlinie – der Ariadnefaden eingezeichnet. Das Mosaik befand sich in der Nähe eines Kirchenportals: Offensichtlich wurde der Kirchenbesucher gleich beim Eingang aufgefordert, zunächst den labyrinthischen Weg – wenigstens geistig – zu gehen, bevor er sich zum Altar begab. In der Mitte des Labyrinths befand sich kein Bild (auch nicht das sonst so häufig vorkommende von Theseus im Kampf mit dem Minotaurus), sondern noch einmal ein inneres Labyrinth, aus Buchstaben zusammengesetzt. Der Text SANCTA ECCLESIA kann in alle Richtungen gelesen werden, wobei immer vom S des Mittelpunkts ausgegangen werden muß. Der Fromme muß seinen Weg durch die gefährliche und bedrohliche Welt gehen, darf sich nicht ablenken und verlocken lassen, bis er – nach den vielen Windungen – endlich im Mittebereich, der heiligen Kirche, angelangt ist. Die steht für die endlich gefundene Wahrheit und rettet deshalb aus dem Bereich der Fehltritte und Irrtümer.

In San Vitale (Ravenna) ist ein – allerdings viel später entstandenes – Labyrinth-Mosaik erhalten, in dem nicht der Weg in die Mitte besonders markiert ist, vielmehr weisen kleine Dreiecke, die Pfeilcharakter haben, den Weg zum Ausgang. Von dort wird man zum zentralen Oktogon der Kirche geleitet. Das Achteck ist immer im Zusammenhang mit der Taufe gesehen worden, die Baptisterien waren gewöhnlich oktogonal gebaut. Nach dem durchschrittenen Labyrinth und der vollzogenen „Umkehr" wurde man also zur Taufe und zur Eucharistie geführt.

Am berühmtesten sind die Labyrinthe in französischen Kathedralen geworden, in Chartres, Amiens, Poitiers, Arras, die leider nicht mehr alle erhalten sind. Immerhin ist das von Chartres, das vielleicht schönste und eindrucksvollste, bewahrt, es hat einen Durchmesser von etwa 12,5 Metern und kann bis heute begangen werden. In seinem Zentrum findet sich ein runder Stein, der von einer sechsblättrigen Blüte umgeben ist. In elf konzentrischen Kreisen windet sich der labyrinthische Weg in die Mitte. Während das kretische Modell ja nur sieben Umkreisungen vorsah, sind es also hier elf, was zunächst verwundern mag. Verständlich wird diese Zahl, wenn man die theologische Sinndeutung des Kirchenlabyrinths bedenkt: Es steht für die sündige Welt, für den Bereich, der in eine dämonische Abhängigkeit geraten ist. In der Sprache der Zahlensymbolik kam der Elf eine ziemlich negative Bedeutung zu: Die Zahl hat „eins zuviel" (gegenüber der Vollzahl zehn) und „eins zuwenig" (gegenüber der vollkommenen Zahl zwölf). Mit der Elf verband man Hochmut, Maßlosigkeit und Sünde einerseits, Unvollständigkeit und Mangel andererseits. Durch diese elf Bereiche muß der Gläubige hindurch, bis er in die wahre Mitte kommt, wo der Herr der

Welt residiert und nicht mehr sein satanischer Gegenspieler.

Auch in Chartres befindet sich das Labyrinth im Westteil der Kathedrale, nicht weit vom westlichen Eingangsportal. Der Eintretende trägt noch seine ganze schuldbeladene Existenz mit sich und wird vom Labyrinth gewissermaßen eingeladen, einen Weg der Sühne und der Umkehr zu gehen, damit er sich dem Mysterium nähern kann. In gewisser Weise wird eine immer wieder zu erneuernde Initiation verlangt, eine spirituelle Besinnung. Dazu kommt, daß durch die Wendepunkte des Labyrintheweges Axen entstehen, die ein großes, durchgehendes Kreuz erkennen lassen. Im Kreuz erfährt der Mensch Läuterung, und es wird ihm Hoffnung geschenkt, in die Vollendung einzugehen.

In manchen italienischen Kirchen (z. B. im toskanischen Lucca) finden sich verhältnismäßig kleine Steinreliefs mit Labyrinthcharakter. Sie können natürlich nicht „begangen" werden, der Gläubige wird aber eingeladen, mit dem Finger die verschlungenen Wege nachzutasten und sich dadurch auf die gottesdienstliche Feier einzustimmen. Auch solche Darstellungen finden sich im Westen beim Eingang, denn der Westen galt als der Todesbereich, weil dort die Sonne untergeht. Von dort erwartete man auch die Angriffe der Dämonen, deshalb mußte man sich gegenüber dieser Himmelsrichtung besonders sorgsam schützen.

Sehnsucht nach der Wiedergeburt

ALFONS ROSENBERG[13]

In Ägypten, auf Kreta, im alten Griechenland und in
der Kultur des antiken Rom war das Labyrinth eine
bedeutsame Chiffre, Kunde vom Phänomen der den
Tod überwindenden Wiedergeburt. Durch die Nach-
wirkung der antiken Traditionen im Abendland und
durch die Umdeutung des geheimnisvollen Zeichens
auf das Christusmysterium hin hat es schon in den
ersten Jahrhunderten des Christentums in dessen Sym-
bolschatz Eingang gefunden. Denn in der eckig oder
rund stilisierten Labyrinthspirale ist eine Ursituation in
ein Zeichen gefaßt: die Furcht vor der ansaugenden
Macht des Todes wie die Hoffnung auf ein todüberdau-
erndes ewiges Leben. Denn im Labyrinthzeichen zeigt
sich die eigentümliche Verschlungenheit von Tod und
Leben. Die in Kreisringen aufsteigende Spiralfigur, die
noch immer heimlich oder offen im Labyrinthzeichen
fortwirkt, zeigt nämlich an, daß das jeweils gegenwär-
tige Leben unweigerlich dem Tode verfallen ist, daß es
aber in höheren, die unteren überlagernden Kreisen
oder Ringen in einer beständigeren Weise und gegen
die Natur wiedergewonnen werden kann: durch Wei-
hung in den Mysterien, durch Meditation des Mythos
oder durch die kultische „Erinnerung" an die Rettertat
eines heiligen Helden. (...)
Um die ganze Bedeutungsfülle der Kirchenlabyrinthe
zu verstehen, muß man sich vergegenwärtigen, daß

zwischen ihnen und den „heidnischen" Feldlaby-
rinthen, die sich zuweilen in der Nachbarschaft von
Kirchen befanden, ein heimlicher Zusammenhang
bestand. (...) Ihre Namen wie Babylon, Ninive, Jericho
oder „Zerstörung Jerusalems" erweisen sie als Sinnbilder des Alten, Untergegangenen, des einst Herr-
schenden und Legitimen, das durch Christi Erscheinen
negativ und tödlich geworden ist, als Ort jenes Todes-
mysteriums, das in sich den geheimen Kernpunkt der
Lebenserneuerung birgt. Diese mit den Namen dämo-
nisierter Städte bezeichneten alten Kultorte kosmischer
Frömmigkeit wurden im Mittelalter in wahrhaft „katho-
lischer" Weise in den Dienst des Christusmysteriums
gestellt: Das „Alte" wurde nicht verworfen und vernich-
tet, sondern als „Morgensonne des Heils" dem christlichen Lebensmysterium eingeordnet. (...)
Der Westen feiert diese Errettung aus dem Labyrinth
durch die Erinnerung an das Hervorgehen Christi aus
dem Grabe, während die Ostkirche den *descensus Christi
ad inferos*, den Abstieg Christi in den Bauch der Unterwelt, um dort die Eingeschlossenen zu befreien, in die
Mitte ihrer Osterfeier stellt. Die ostkirchlichen Ikonen
schildern diesen Abstieg Christi in die Höhle des
Hades, sie zeigen die zertrümmerten Torflügel und
Schlösser desselben und den Hades in Menschenge-
stalt, besiegt und gefesselt, den Sieger aber im Begriff,
die Eingeschlossenen, an ihrer Spitze Adam und Eva,
aus dem Gefängnis herauszuführen. In solchen Bildern
erscheint das Drama des Labyrinths, die Tötung des

Minotaurus durch Theseus, das z. B. die Mitte des Labyrinthes zu Pavia bildet, transparent auf die Erlösertat
Christi. Denn erst durch diese wird die Todesmitte zum
Mutterschoß der Wiedergeburt gewandelt, wird jene
Geburt der „neuen Kreatur" aus Wasser und Geist in
der Taufe als Pfand und Angeld des ewigen Lebens
ermöglicht. Denn „Wasser" bedeutet in der antik-heid-
nischen wie in der christlichen Symbolik nichts anderes als: Unterwelt und Bereich der Todesmacht des
Satans. Aus dieser aber ruft und leitet der Geist den Tod-
verfallenen zum Stand des Wiedergeborenen hervor.
(...)

Der Labyrinthweg muß also als eine Entscheidungssi-
tuation verstanden werden – als Entschluß zu einem
Durchbruch, der allerdings erst durch den völligen
Abstieg in die Tiefe des Labyrinths, die zugleich seine
Mitte und den Wendepunkt darstellt, zu erreichen ist.
Wie jedoch einer, der auf dem Weg zur Schlacht
umkehrt, durch seine feige Halbheit weder bei den
Kämpfenden noch in der Heimat Ehre gewinnen kann,
so wird auch dem, der den Labyrinthweg begonnen hat
und dann halbwegs umgekehrt ist, ein solches Verhalten zum Unheil werden. Denn aus dem Labyrinth gibt
es nur einen heilsamen und fruchtbaren Rückweg: den
von der erlangten Mitte aus. Wer sich aber zum Abstieg
in sein eigenes Inneres entschlossen hat und sich von
den Schreckgestalten, die ihm dabei unweigerlich
begegnen werden, zurückscheuchen läßt, anstatt durch

sie, wie durch Schemen, die sie in Wirklichkeit sind, hindurchzugehen, wird bedrohter sein als derjenige, der aus Schwäche diesen Abstieg gar nicht gewagt hat. (...) Er bedarf eines Retters aus dem Abgrund und eines Heilkundigen, um in der Bewußtseinswelt solch „unterirdische" Erfahrung vom Menschen als eines Ungeheuers zu überwinden.

Der Ostertanz

Das Labyrinth in den französischen Kathedralen hatte nicht nur die Funktion, den einzelnen Kirchenbesucher zur Einsicht und Umkehr zu bringen und auf das Mysterium der Liturgie vorzubereiten. Einmal im Jahr hatte es eine besondere Bedeutung für die ganze Gemeinschaft: am Osterfest. Der Bischof (oder der Dekan der Kirche) versammelte sich mit dem Domkapitel um das Labyrinth zu einem österlichen Spiel. Der jüngste Kanoniker hatte die Aufgabe, einen Ball zu besorgen, der so groß war, daß man ihn nicht mit einer Hand umfassen konnte. Diesen Ball übergab er dem Bischof oder dem Dekan, der nun in einem feierlichen „Dreischritt" begann, das Labyrinth zu durchtanzen. Er sang dabei die Ostersequenz „Victimae paschali laudes". Darin heißt es:

„Tod und Leben da kämpften
Seltsamen Zweikampf:

Der Fürst des Lebens, dem Tode erliegend,
Herrscht als König und lebt.

,Maria, künde uns laut:
Was hast auf dem Weg du geschaut?'
,Sah Christ, des Lebendigen, Grab,
Und wie Glanz den Erstand'nen, umgab.
Sah himmlische Boten,
Schweißtuch und Linnen des Toten.
Christus erstand, Er, mein Hoffen;
Nach Galiläa geht der Herr euch voraus.'"

Die übrigen Mitglieder des Domkapitels tanzten inzwischen, indem sie sich bei den Händen faßten, um das Labyrinth herum. Der bischöfliche Vortänzer warf seinen Ball einmal diesem, einmal jenem seiner Kanoniker zu und bekam ihn wieder zurückgeworfen, so daß ein dauernder Austausch und eine dauernde Bewegung vor sich ging. Die Orgel begleitete mit ihrem Spiel den Vorgang. Nach diesem paraliturgischen Ostertanz kam man zu einem österlichen Festmahl zusammen. Die Sequenz hat einen dialogischen Charakter: Es ist von einem „seltsamen Zweikampf" die Rede, Tod und Leben ringen um die Vorherrschaft, das Leben scheint zu unterliegen, aus der Niederlage wird aber der Sieg: Das Leben behauptet sich trotz des erlittenen Todes. Hier erkennen wir die Nähe zu der zentralen Sinnhaftigkeit des Labyrinths: Das wahre Leben wird erst nach einem Durchgang durch die Todeszone gewonnen. In der Sequenz wird Maria Magdalena als Zeugin angerufen („künde uns laut, was hast auf dem Weg du geschaut?") und ihre Nachricht löst den österlichen Jubel aus:

> „Nun wissen wir: Christus ist erstanden
> Wahrhaft vom Tod.
> Du Sieger, Du König,
> Sieh unsre Not.
> Amen. Alleluja."

Hier wird die christlich interpretierte Deutung des Labyrinthes besonders deutlich erkennbar: Auch jeder Christ muß – wie sein Meister – in das Labyrinth hineingehen, muß sich dem Todesschicksal überantworten, um auch an der Auferstehung Jesu Anteil zu bekommen. Und wenn Jesus „die Welt überwunden" hat (die sündige und todverfallene nämlich), dann wird auch der Christ seinen Todesweg als Weg zum Leben gehen können. Der Ball, der bei diesem Tanzspiel hin- und hergeworfen wird, steht für die Frühlingssonne, die den Winter besiegt hat und immer stärker am Himmel steht und die Blüte und Frucht der Erde hervorbringt; aber diese Sonne ihrerseits weist auf den „Sol invictus", die unbesiegte Sonne, den auferstandenen Christus hin. Er ist die „Sonne der Gerechtigkeit", die Hoffnung auf eine neue Schöpfung, weil die alte Weltzeit zu Ende geht.

So stellt dieses österliche Tanzspiel eine deutliche Parallele zur offiziellen Liturgie dar, das auf wunderbar sinnenfällige Weise den Osterglauben spielerisch nachvollziehbar machte. Um so mehr ist es zu bedauern, daß ein Parlamentsbeschluß 1538 diese Form eines Kirchenspiels verboten hat; offensichtlich empfand man es mit der Würde eines Erzbischofs, eines Abtes oder Dekans nicht vereinbar, daß er sich zu einem Tanz- und Ballspiel mit seinen Klerikern einließ.

Das Jericho-Labyrinth der Mondstadt

Eine besonders merkwürdige Variante des Labyrinths stellt das Stadtlabyrinth von Jericho dar, das sich in vielen mittelalterlichen Handschriften findet, wobei noch besonders auffällt, daß es sich in Westeuropa, in der griechisch-byzantinischen Tradition und im Judentum des Orients vorfindet. – Wieso hat man nun diese Stadt im Jordantal in Verbindung gebracht mit dem Labyrinth? Und warum nennt man sie Mondstadt? Im Hebräischen hat der Stadtname eine Klangverwandtschaft mit dem Wort für Mond („Yeriho" und „Yareh"). – Bei der Landnahme von Palästina durch die Israeliten leistete die Stadt Jericho erbitterten Widerstand. Da bekam Josua folgende Weisung: „Ihr sollt mit allen Kriegern um die Stadt herumziehen und sie einmal umkreisen. Das sollst du sechs Tage lang tun. Sieben Priester sollen sieben Widderhörner vor der Lade hertragen. Am siebten Tag sollt ihr siebenmal um die Stadt herumziehen, und die Priester sollen die Hörner blasen. Wenn das Widderhorn geblasen wird und ihr den Hörnerschall hört, soll das ganze Volk in lautes Kriegsgeschrei ausbrechen. Darauf wird die Mauer der Stadt zusammenstürzen; dann soll das Volk hinübersteigen, jeder an der nächstbesten Stelle" (Jos 6, 3 – 5). Von dieser Schilderung her vermutete man, daß Jericho sieben Mauern gehabt habe, sieben Schutzwälle, die beim Posaunenschall eingestürzt seien. Und weil das kretische Labyrinth sieben Umkreisungen kennt, stellte man von daher die Verbindung her.

Aber es gab noch eine andere Beziehung, die herangezogen wurde. Josua hatte zwei Kundschafter nach Jericho geschickt, die von der Dirne Rahab aufgenommen worden waren. Als nun die Boten des Königs von ihr verlangten, sie solle sie herausgeben (da sie als Spione erkannt worden waren), ließ sie die beiden an einem Seil durch das Fenster die Stadtmauer herab, ihr Haus war nämlich an der Stadtmauer gebaut (Jos 2, 15), so entkamen sie. Aus Dankbarkeit wurde deshalb bei der Einnahme der Stadt Rahab und ihre ganze Verwandtschaft verschont. – Nun hatte man beide wichtigen Aspekte des Labyrinths beisammen: Die siebenfache Umkreisung bringt den siebenfachen Mauerring zum Einsturz und öffnet den Zugang zur Stadt, man kommt in ihre Mitte. – Und die Rettungstat Rahabs durch das Seil (!) machte deutlich, wie man aus der gefährlichen Stadt heraus kommt.

Noch ein dritter Aspekt spielt bei den christlichen

Jerichobildern eine Rolle: Im Neuen Testament wird vom Einzug Jesu in die Stadt Jericho berichtet. Und weil diese Stadt mit dem Mond in Zusammenhang gebracht wird, interpretierte man (mit dem sich immer wandelnden Mond mit seinen Phasen) auch die Stadt als wankelmütige und unbeständige, die nicht treu sein kann. Während in der alttestamentlichen Geschichte nur die Dirne Rahab herausgestellt wird, weil sie die Kundschafter gerettet hat, so wird in der neutestamentlichen Perikope der Zöllner Zachäus herausgestellt, der Jesus in seinem Haus aufnimmt. – Jericho steht für die von Sünde und Schuld gezeichnete Welt, aber durch den Einzug Jesu wird ein Zeichen der Hoffnung gesetzt.

Ein letzter Aspekt ist zu berücksichtigen: Die Himmelsrichtungen hat man in den mittelalterlichen Handschriften anders geordnet als wir das tun. Während der Osten bei uns an der rechten Seite angeordnet ist, war er im Mittelalter oben lokalisiert. Wenn nun der Zugang zur Stadt sich im Osten befindet – und Jesus von dort in die Stadt einzieht, dann ist das ein Hinweis auf die neue Zeit, die anbricht: Jesus kommt mit der aufgehenden Sonne in die Welt, was sicher als Hinweis auf den Ostersonntag verstanden wurde.

Schon der Untergang der alten Stadt Jericho war ein Zeichen für eine neu anbrechende Zeit, das alte Labyrinth mit seiner Verstocktheit wird aufgebrochen; im Neuen Testament bricht mit dem Einzug des Messias die Heilszeit an, das Labyrinth verliert seinen Schrecken, weil es eine neue Mitte bekommt.

Im Schattenreich

Labyrinthische Motive
in Epen und Märchen

Gilgameschs Fahrt
durch die Todesschlucht

Als Enkidu gestorben war, der Freund Gilgameschs, da bekam auch Gilgamesch Furcht vor dem Tode und versuchte zu Utnapischtim zu kommen, seinem Urahn, der ewiges Leben gefunden hatte. Auf seiner Reise begegnete er dem Skorpionmenschen, der wissen wollte, wohin seine Fahrt führe. Er antwortete: „Enkidu, mein Freund, war ein Panther der Steppe, aber nun hat ihn der Tod ereilt. Mein Freund ist wie der Staub der Steppe geworden, wie der Lehm des Landes. Jetzt eile ich durch die Täler und steige über die Berge, um zu meinem Ahnherrn zu kommen, dem mächtigen Utnapischtim. Er ist in die Gemeinschaft der Götter aufgenommen worden, er hat das Leben gefunden. Ihn will ich fragen, wie ich dem Tod entkommen und Leben erlangen kann."

Da öffnete der Skorpionmensch seinen Mund und sagte: „Noch nie hat ein Mensch einen Weg durch das Gebirge gefunden. Zwölf Doppelstunden lang zieht sich die gewaltige Schlucht zwischen den Himmelsbergen hindurch. So groß ist die Finsternis, daß nicht einmal ein Schimmer des Lichtes den Hohlweg erhellt. Aus ihm erhebt sich die Sonne, um über die Länder hinzufliegen, in ihn kehrt sie wieder zurück, wenn der Tag zu Ende ist. Wir bewachen das Tor zu dem finsteren Hohlweg. Jenseits der Berge liegt das Meer, das sich um den Erdkreis schlingt. Du aber kannst den Sonnenweg nicht gehen, denn er führt in das Land der lichten Götter. Noch nie ist jemals ein Mensch durch die dunkle Schlucht gegangen. Hinter dem Tore der Sonne wohnt dein Ahnherr, da, wo die Mündung der Strömung sich befindet, jenseits der Wasser des Todes. Kein Schiff kann dich dort hinübertragen."

Gilgamesch ließ sich durch diese Rede nicht von seiner Wanderung abhalten, er antwortete: „Mein Schicksalsweg ist von Weh und Leid bestimmt. Laß mich hintreten zu dem gefährlichen Pfad. Vielleicht gelingt es mir, den Tod hinter mir zu lassen und das Leben zu gewinnen."

„Du bist kühn", sagte der Skorpionmensch, „ich staune über deinen Mut und deine Kraft. Ich will dir das Tor öffnen, denk aber daran, daß dich eine schreckenerregende Schlucht erwartet, ich wünsche dir, daß du zum Ende des Hohlwegs gelangst."

So machte sich Gilgamesch auf den Sonnenweg. Nach zwei Stunden erreichte er die dunkle Schlucht. Die Finsternis war so dicht, daß er nicht einmal einen Lichtschimmer entdecken konnte. Er konnte nicht sehen, was vor ihm lag und nicht, was hinter ihm lag. So tappte er Stunde um Stunde voran, ohne eine Lichtspur wahrzunehmen. Es vergingen weitere Stunden, ohne daß sich das Dunkel lichtete. Und weitere Stunden schleppte er sich dahin, er sah nichts, weder vor sich noch hinter sich. Nun waren es schon sechs Doppelstunden, dann sieben Doppelstunden, kein Schimmer von Licht ließ sich sehen. Als acht Doppelstunden vergangen waren, schrie er laut auf, aber auch jetzt blieb alles undurchdringliche Nacht. Nach der neunten Doppelstunde konnte er den Nordwind spüren. Er beugte seine Gestalt und richtete sein Angesicht nach vorn. Aber seine Augen konnten keinen Lichtschimmer entdecken. Als die zehnte Doppelstunde vorüber war, kam er der ersten Lichtspur näher: Das Dunkel ließ allmählich nach. Als die elfte Doppelstunde vorüber war, verbreitete sich die Schlucht und er konnte den ersten Sonnenstrahl entdecken. Aber erst nach der zwölften

Doppelstunde wurde er vom hellen Tageslicht empfangen, ihm war die Wanderung durch die schwarze Nacht gelungen.

Vor ihm lag der Park der Götter: Er konnte ihn mit seinen Augen sehen. Und er schritt eilends auf diesen Garten zu. Die Früchte waren blitzende Rubinen, üppige Reben wuchsen überall, es war eine Wonne, sie anzuschauen. Und viele andere Früchte boten sich seinen Augen, staunenswerte Edelsteine, die die Augen erfreuten. Und die Strahlen der Sonne glänzten über den Garten hin.

Das Abenteuer im Bauch des Riesen

Im finnischen Nationalepos „Kalevala" wird erzählt, wie der Held Väinämöinen versucht, ein Zauberschiff zu bauen. Er hört, daß ihm das Werk nur gelingen könne, wenn er die Zaubersprüche des Riesen Vipunen erführe. So macht er sich auf den Weg zu ihm, trifft ihn aber in einem jahrelang andauernden Tiefschlaf an. Durch Unachtsamkeit wird Väinämöinen mitsamt seinem Schwert von dem Riesen verschluckt und rutscht durch den Schlund in das Innere hinunter. – Nun wacht der Riese auf, merkt, was geschehen ist und möchte den ungebetenen Eindringling wieder loswerden. Der aber sagt:

„Herrlich ist es, hier zu hausen, wonnig ist es, hier zu
    weilen,
Leber ist als Brot zu brauchen, Bauchfett ist der Leber
    Beikost,
Lungen eignen sich zum Absud, Speck ist eine gute
    Speise.

Meinen Amboß will ich setzen tiefer in des Herzens
    Muskel,
Meinen Hammer härter drücken auch in noch viel
    schlimmre Stellen,
Daß du niemals kannst entkommen, lebenslang nicht
    mehr davonkommst,
Wenn ich nicht die Worte höre, wirkungsstarkes Wis-
    sen finde,
Nicht genügend Worte höre, Tausende von Zauberfor-
    meln;
Worte werden nicht verborgen, Sprüche fallen nicht in
    Spalten,
Zauber stürzt nicht in die Erdschlucht, wenn auch Zau-
    berwisser gehen."

Darauf beschließt Vipunen, seine geheimen Kennt-
nisse mitzuteilen, damit er nicht von dem gefährlichen
Gast von innen her aufgefressen wird.

„Vipunen, der Weisenreiche, jener alte reich Beratne,
Große Macht trug er im Munde, in der Brust gewaltiges
    Wissen,

Öffnete der Worte Arche, breitete der Lieder Lade,
Um ihm guten Sang zu singen, ihm den besten anzu-
     stimmen,
Jene tiefen Ursprungsworte, Zauber aus der Zeiten
     Anfang,
Den nicht alle Kinder kennen, auch nicht alle Männer
     fassen
Jetzt in diesen trüben Tagen, an dem schlimmen Schluß
     der Zeiten.

Sang den Ursprung, wie er wurde, Bannungswort in
     rechter Reihung,
Wie durch ihres Schöpfers Willen, des Allmächtigen
     Erlaubnis
Aus sich selbst der Luftraum wurde, aus der Luft sich
     Wasser abschied,
Aus dem Wasser Erde aufstieg, auf der Erde Pflanzen
     wuchsen.

Sang, wie einst der Mond entstanden, wie die Sonne
     eingesetzt ward,
Aufgestellt der Lüfte Stützen, Sterne ausgestreut am
     Himmel.

Vipunen, der Weisenreiche, sang und kündete sein
     Können,
Niemals hört' man, niemals sah man in dem langen
     Lauf der Zeiten

Einen bessern Zaubersänger, einen kundigeren Kön-
ner;
Seinem Mund entwichen Worte, seine Zunge setzte
Zauber
Wie das Füllen flinke Glieder, wie das Reitpferd rasche
Füße.

Tag um Tag sang er die Lieder, sagte Nacht um Nacht die
Sprüche,
Sonne stand, den Sang zu hören, Mond verhielt im
Lauf zu lauschen,
Wogen standen still im Meere, Wellen an dem See-
buchtende,
Ströme hörten auf zu stürzen, Rutha-Sturz hört' auf zu
stieben,
Vuoksi-Fall hört' auf zu fließen, stehen blieb des Jor-
dans Strömung.

Als der alte Väinämöinen solchen Zaubersang ver-
nommen,
Reiche Zauberkunst bekommen, Wissenswort erhalten
hatte,
Suchte er herauszukommen aus dem Munde des Vipunen,
Aus dem Bauch des reich Beratnen, aus des zauber-
mächtgen Magen."

Darauf verläßt Väinämöinen den Bauch des Riesen,
das, was er erlauschen wollte, hat er herausbekommen.

„Er entschlüpfte aus dem Munde, schlich sich schleunig
    auf die Heide,
Gleich dem goldbehaarten Eichhorn, gleich dem Mar-
    der mit der Goldbrust."[14]

Das Erstaunliche an diesem Kapitel der „Kalevala" liegt
in dem Gedanken, daß sich der Held erst verschlingen
lassen muß, in den „Höhlenbereich" des Riesen hinab-
geraten muß, um die nötig gewordene geheime Kennt-
nis zu erhalten. Er muß Zuflucht suchen in dem labyrinthischen Gedärm, muß die Todesnähe wagen, damit
er „weise" wird und die Erfahrungen machen kann, die
ihn zu seinem weiteren Tun befähigen. – Vielleicht
drückt sich in diesem eigenwilligen Bild auch noch eine
Erinnerung an die Initiationsriten aus, bei denen die
jungen Menschen sich in die Gefahr begeben mußten,
selbst die Todesgefahr sollten sie nicht scheuen, um
dadurch für ihr Erwachsenenleben vorbereitet zu werden. Bewährt hat sich nur der, der durch einen Tod hin-
durchgegangen ist.

Der Gang in die Totenwelt als Märchenmotiv

Zu den häufigsten Motiven unserer Volksmärchen gehört es, daß ein junger Mensch seine Familie und seine Heimat verlassen muß, um sich in der Welt zu bewähren: Er hat Aufgaben zu lösen, muß seine Ängstlichkeit überwinden, hat vielleicht auch einen Kampf auszutragen, soll aber auch bereit sein, sich mitleidig und hilfsbereit den Notleidenden zuzuwenden. Und schließlich kehrt er wieder nach Hause, aber verwandelt, denn er ist mittlerweile mündig geworden und kann seine Aufgabe als Erwachsener übernehmen.

Zu den Bewährungsproben, die der angehende Held zu bestehen hat, gehört auch die Bereitschaft, sich drei Nächte lang quälen zu lassen, damit ein verzaubertes Schloß (und eine verzauberte Prinzessin) erlöst werden können, gehört das Durchstehen von Hunger und Durst, von Phasen der Schweigsamkeit usw. Das deutet darauf hin, daß sich im Märchen noch Erinnerungen an die Initiationsriten gehalten haben, die den jungen Menschen durch Proben und das Zufügen von Schmerzen auf sein Erwachsenendasein vorbereiten sollten. – Und wenn in manchen Märchen erzählt wird, daß der Held sogar den Tod erleiden muß (er wird am nächsten Morgen durch das „Lebenswasser" wieder erweckt), dann erinnert das an strenge Riten der Initiation, in denen der Einzuweihende sogar eine Todeserfahrung machen sollte.

Besonders aufschlußreich ist nun eine Reihe von Märchen, in denen der Held von einem bösartigen König aufgefordert wird, in die „andere Welt" zu gehen, um etwas zu holen. Im Grunde soll der junge Mensch beseitigt werden, er wird als Rivale empfunden und soll „zum Teufel gehen", was heißen soll: im Hades, in der Totenwelt verschwinden. Er wird mit einer unmöglichen Aufgabe betraut, was bewirken soll, daß er sie nie bewältigt und deshalb auch nie zurückkehren kann, so denkt jedenfalls der Auftraggeber. Aber der Held führt wider Erwarten die Aufgaben aus, ihm gelingt die Fahrt in die „Anderswelt", er bekommt die erwarteten Dinge oder Auskünfte und gelangt wieder heil in die Heimat zurück. Damit hat der alte König ausgedient, er muß dem siegreichen Rivalen Platz machen, der nun die Herrschaft antritt.

Diese Fahrt „ins Jenseits", in die andere Welt, stellt die Märchenvariante des Ganges ins Labyrinth dar. Dabei muß der Held oft sogar verschlungen werden. Der russische Märchenforscher Vladimir Propp kennzeichnet den Vorgang so: „Der Wasserdrache wurde als in Teichen und Wasserreservoiren, in Flüssen, Meeren und auf dem Land sitzend gedacht. Diese Wasserreservoire aber dienen gleichzeitig als Eingang in das andere Reich. Der Weg in das andere Reich führt durch den

Rachen des Drachen und durch das Wasser." Man muß sich also verschlingen lassen, wenn man in die Anderswelt kommen will; das Problem ist nur, ob man auch wieder heil zurückkehren kann und die Welt der Lebenden wieder erreicht. Dazu ist entweder ein treuer Geleiter nötig oder der Held muß ein Hilfsmittel bekommen, das ihm zur Heimkehr verhilft.

In einem russischen Märchen („Die weise Ehefrau") wird erzählt, daß sich der König in die junge und wunderschöne Frau eines seiner Untertanen verliebt. Und weil er sie zur Frau gewinnen will, stellt er dem Ehemann Aufgaben, die eigentlich unlösbar sind. Die kluge und zauberkundige Frau hilft ihrem Mann aber bei der Erfüllung der ersten Wünsche des Königs. Dann allerdings trägt ihm der König auf: „Geh doch in die andere Welt und frag meinen verstorbenen Vater, wo er seine Schätze und sein Geld versteckt hat. Geh nur gleich, denn du weißt ja: Das Schwert, das schwingt, ist mein, der Kopf, der rollt, ist dein." – Da ließ der Mann seine Tränen rollen, denn wie sollte er den Weg in die andere Welt finden? Seine Frau aber tröstete ihn und riet ihm, er solle zum König gehen und sagen: „Ich bin bereit, in die andere Welt zu gehen, aber die Bojaren, die dir den Rat gegeben haben, die mußt du mir zur Begleitung mitgeben." Seine Frau aber gab ihm ein Garnknäuel mit und sagte: „Laß dieses Knäuel immer vor dir herrollen, es wird dir den Weg zeigen." – So ging denn der Mann mit den Bojaren immer dem Garnknäuel nach, das vor ihnen herlief, bis es zum Meer kam. Aber auch da blieb es nicht stehen, sondern rollte ins Wasser, das sich teilte und einen Weg freigab. Als sie nun in die Tiefe hinuntergestiegen waren, kamen sie tatsächlich in die andere Welt. Sie fanden auch bald den verstorbenen König. Er mußte einen schweren Karren schieben, auf dem Holz für die Kessel der Hölle herbeigeschafft wurde. „Sag mir, wo du den königlichen Schatz versteckt hast. Dein Sohn schickt mich zu dir, ich soll ihm Auskunft geben." Der alte König antwortete: „Der ganze Schatz liegt in einem Turm tief vergraben. Aber das ist nicht das wirklich Wichtige, was ich dir zu sagen habe. Richte meinem Sohn aus, daß ich in meiner Regierungszeit keine Gerechtigkeit habe walten lassen, deshalb werde ich jetzt gepeinigt, daß mir das Fleisch und die Sehnen von den Knochen fliegen. Er soll sich um Gerechtigkeit und Frieden mühen, sonst geht es ihm genauso wie mir. Hier hast du einen Ring, gib ihn meinem Sohn zum Zeichen, daß du wirklich bei mir warst." – Darauf wies ihnen das Knäuel wieder den Weg hinauf ans Tageslicht und sie kehrten zum König heim, der höchst verwundert war, als er den längst Totgeglaubten vor sich sah. Aufgeregt fragte ihn der König: „Hast du eine Nachricht von meinem Vater mitbekommen?" An guten Ratschlägen war ihm nicht gelegen, aber was ihn wirklich interessierte, war das Versteck der Schätze des Reiches. – Die Geschichte geht noch weiter, aber gerade dieser Passus macht deutlich, wie klar sich die mythischen Motive vom Abstieg in ein Schattenreich und vom hilfreichen „Ariadnefaden" erhalten haben.

Auffällig ist auch, daß der Abstieg in den Hades den Helden verändert: Er kommt als Wissender und Gereifter wieder zurück, so daß er die Position eines Königs einnehmen kann. Die Todesnähe, die Gefahr, die lange Wanderung haben Kräfte und Fähigkeiten in ihm geweckt, die vorher noch gar nicht spürbar waren, aber jetzt zur Entfaltung gekommen sind. Er ist zum „Heilbringer" geworden, der nicht nur seine Verwaltungsaufgaben bewältigen kann, sondern – einem Schamanen gleich – auch Herr über Leben und Tod, über Krankheit und Heilung geworden ist.

Ein ähnliches Motiv ist auch das Bild vom Glasberg oder dem Kristall. Es steht ebenfalls für den Grenzbereich zwischen Leben und Tod. Die sieben Brüder sind Raben geworden und wohnen in dieser Zwischenzone. Und weil sie noch nicht ganz in das Reich der Schatten gewandert sind, kann ihre Schwester sie retten und ihnen die menschliche Gestalt wieder zurückgeben. Aber das Schwesterchen mußte eine kosmische Reise unternehmen, bis es den Weg zum Glasberg gewiesen bekam.

Der Mann und die tote Frau
BRASILIANISCHES MÄRCHEN

Ein Mann lebte einmal mit seiner Frau und seinen Kindern in einem Dorf. Sie waren lange Zeit zufrieden und glücklich, aber eines Tages wurde die Frau krank, und nach einigen Tagen starb sie. Man trug sie fort und begrub sie.

Als der Mann wieder in sein Haus zurückgekehrt war, setzte er sich auf den Boden und fing zu weinen an. Er weinte drei Tage und drei Nächte. Da kam ein Mädchen aus der Nachbarschaft und fragte ihn: „Was weinst du so viel?" – „Es ist wegen meiner Frau." – „Ach, deine Frau ist zwar fortgegangen und kommt nicht mehr. Aber sie lebt nun woanders, bei den Geistern."

Da stand der Mann auf und ging davon. Er ging in den Wald hinaus und wanderte unter den Bäumen umher. Er wanderte so lange, bis er vor Hunger umfiel. Da hörte er plötzlich die Stimme seiner Frau: „Was tust du hier?" – „Ich suche dich." Er schaute sich um, aber er konnte seine Frau nicht entdecken. „Hast du Hunger?" fragte die Frau. „Ja, ich verhungere fast." – „Nun, so geh hinter den nächsten Baum, dort wirst du zu essen finden."

Er stand auf und ging hinter den Baum, und dort waren eine Schüssel mit gekochter Hirse und ein Blätterkörbchen mit Früchten. Der Mann aß, bis sein Hunger gestillt war. Dann hörte er wieder die Stimme seiner Frau: „Willst du mit mir kommen und bei mir bleiben?" – „Was fragst du? Und ob ich das will." – „Aber du mußt dann in meinem Land bleiben." – „Ich werde immer bei dir bleiben." – „Gut, so schließe die Augen, denn du darfst mich nicht sehen."

Da machte der Mann die Augen zu, und er hörte schwere Schritte, dann verband ihm jemand die Augen mit einem Tuch, und er wurde weggeführt. Er wanderte über ein Gebirge und watete durch einen Fluß, dann fiel auf einmal die Binde von seinen Augen ab.

Da sah der Mann, daß er ein Nashorn geworden war, und seine Frau war auch ein Nashorn. Sie standen auf einer großen Lichtung zwischen dem Wald und einem See und um sie herum viele verschiedene Tiere. Dicht beim See aber stand ein großes Haus, in dem der Geist wohnte, der als König über dieses Land herrschte.

Dem Mann gefiel dieses Leben sehr gut. Er brauchte nicht zu arbeiten und hatte doch immer reichlich zu essen. Er verstand alle Tiere und konnte sich mit ihnen unterhalten. Er sprach auch mit dem Geist und sah, daß es ein guter Geist war.

Aber nachdem der Mann lange Zeit dort gelebt hatte, bekam er Sehnsucht nach seinen Kindern. Er sagte: „Frau, laß uns unsere Kinder besuchen!" – „Mann, das geht nicht. Man würde uns töten, und unsere Kinder würden uns nicht erkennen."

Nach einiger Zeit sagte der Mann wieder zu seiner Frau: „Komm, laß es uns versuchen! Ich möchte die Kinder wenigstens aus der Ferne sehen." – „Mann, wir würden

den Weg hierher zurück nicht mehr finden und so lange in jenem Land herumirren, bis uns die Jäger umbringen."

Abermals nach einiger Zeit sagte der Mann: „Frau, ich halte es hier nicht mehr aus, ohne die Kinder zu sehen."

Da sagte die Frau: „Ach, so bleibt uns nur, zum großen Geist zu gehen. Vielleicht kann er dir helfen."

Sie gingen zum Haus des Geistes und mußten lange warten, bis er herauskam: „Nashornmann und Nashornfrau, was wollt ihr?"

Da sagte die Frau: „Mein Mann hat Lust, seine Kinder zu sehen." Da sagt der Geist: „Es gibt nur ein Mittel, aber wenn man es anwendet, dann verliert der Mann sein Gedächtnis." – „Versuchen wir es", sagt der Mann.

„Gut, so muß dich deine Frau wieder zu jenem Baum bringen, wo du sie gefunden hast. Sie muß dir die ganze Haut am Körper mit der Rinde jenes Baumes abreiben. Dann erhältst du deine alte Gestalt. Du kannst in dein Dorf gehen, aber du darfst nicht sprechen. Sprichst du, dann wirst du dich an nichts mehr erinnern können. Sprichst du nicht, so kannst du die Kinder in den Wald tragen, und deine Frau wird dich wieder hierherbringen."

So haben sie es gemacht. Die Frau hat den Mann mit der Rinde des Baumes abgerieben, und da sind seine Nashornhaut und sein Horn abgefallen, und er wurde wieder ein Mensch.

Nun wanderte der Mann fröhlich in sein Dorf zurück und dachte: „Heute abend werde ich mit den Kindern wieder bei meiner Frau sein. Dann wollen wir uns ein schönes Leben machen."

Als er zu seinem Haus kam, sah er das Mädchen des Nachbarn bei seinen Kindern sitzen, denn es hatte in der Abwesenheit des Mannes die Kinder ernährt und versorgt.

Wie der Mann in den Hof seines Hauses trat, fragte ihn das Mädchen: „Wo kommst du her? Wir haben drei Tage auf dich gewartet und dich überall gesucht." Da vergaß der Mann, daß er nicht sprechen durfte, und er antwortete: „Drei Tage? Ich war doch mindestens drei Jahre fort. Ich war bei meiner Frau."

Kaum hatte er das gesagt, da konnte er sich an nichts mehr erinnern. Er erkannte auch seine Kinder nicht mehr genau, das heißt, es war ihm, als kenne er sie, aber nicht genau. Und da das Mädchen sah, daß sein Verstand verwirrt war, kümmerte sie sich um ihn. Er hat zunächst einige Tage kaum gesprochen, aber später hat er das Mädchen geheiratet.

Nach vielen Jahren fand er dann einmal im Wald das Horn eines Nashorns. Er hob es auf und trug es heim. „Schau", sagte er zu seiner zweiten Frau, „was ich gefunden habe." Und er hielt sich das Horn vors Gesicht, als wäre das Horn angewachsen. Da lachte seine Frau, und die Kinder lachten, und der Mann lachte auch.

Das ist die Geschichte vom Mann, der seine tote Frau vergessen hat.[15]

Reise ins Reich der Schatten
Ein Märchen der Tanaina in Alaska

Am Ufer des oberen Yukon wohnte vor vielen Jahren eine Familie, die mehrere Söhne, aber nur eine Tochter hatte. Die Tochter wurde von ihren Brüdern geliebt und verwöhnt, aber ihre Kräfte waren nicht sehr stark, und wenn die Familie bei ihrer Wanderung in die Tundra zu den Jagdgründen fuhr, da blieb sie mit ihrem leichten Schlitten weit zurück und konnte die anderen nicht mehr einholen. Als sie wieder einmal nach ihnen Ausschau hielt, sah sie plötzlich zwei Männer neben sich stehen. Sie sahen zwar ihren Brüdern ähnlich, aber ihre Gesichter waren ganz schemenhaft, ihre Körper schienen aus Schatten zu bestehen. Sie wollte an ihnen vorbeigehen, wurde aber von den beiden ergriffen und fiel in eine Ohnmacht.

Als sie wieder zur Besinnung kam, fand sie sich vor dem Eingang einer Hütte; die beiden Schattenmänner drängten sie dazu, einzutreten und in einer Ecke der Hütte niederzusitzen. Das Mädchen trat unsicher ein, konnte aber fast nichts sehen, weil alles finster war. Einzig am Dach war ein winziger Spalt, der ein Fünkchen Licht frei gab. Während sie immer noch nach dem kleinen Lichtspalt schaute, hörte sie die Stimme einer alten Frau, die zu den Schattenmännern sagte: „Warum habt ihr das Mädchen hierhergebracht?" Dann trat die Alte zu ihr, rührte sie mit einem Stock an und schrieb seltsame Zeichen auf ihren Körper.

Am Abend wurde die Hütte durch ein helles Kaminfeuer erleuchtet. Das Mädchen sah, daß viele Frauen und Männer im Raum waren, sie holten sich brennende Scheite und brachten sie in andere Hütten, denn es gab eine ganze Siedlung von kleinen Häusern. Allmählich erhob sich ein furchtbarer Gestank: der Verwesungsgeruch von verdorbenem Fisch und fauligem Fleisch wurde so stark, daß sich das Mädchen unter seiner Felljacke versteckte, um den Verwesungsgeruch nicht einatmen zu müssen. Die zwei Männer traten zu dem Mädchen und boten ihr Fisch an, aber sie konnte keinen Bissen nehmen, denn er wirkte so, als habe er lange am Ufer gelegen. Weil sie aber an diesem und den kommenden Tagen nichts aß, wurde sie immer schwächer, Hunger und Durst plagten sie auf schreckliche Weise. Als sie schon meinte, sterben zu müssen, sah sie plötzlich eine Schale mit frischem Wasser und eine weitere mit köstlichem Fisch und süßen Beeren. Sie aß davon und wurde von den Speisen an ihre Mutter erinnert, denn gerade so hatte die Mutter immer die Speisen zubereitet. Auch in den nächsten Tagen fand sie die Speisen vor, so daß sie ihren Hunger und ihren Durst stillen konnte. Wie kamen aber diese Schüsseln dorthin? Die Eltern hatten schon alle Hoffnung aufgegeben, ihre Tochter jemals lebendig wiederzusehen; aber sie stellten regelmäßig Speise und Trank auf, damit ihre Tochter im Totenreich keinen Mangel zu leiden hätte.

Als eine Zeit vergangen war, bereiteten die Schattenwesen ihren Aufbruch vor. Das Mädchen fragte die alte Frau, wohin die Reise gehen sollte. Sie bekam zur Antwort: „Wir ziehen zu einem Ort, zu dem du uns nicht folgen kannst. Ich gebe dir einen guten Rat: Verfertige in der nächsten Zeit so viele Kleidungsstücke wie möglich und verstecke sie in einem Lederbeutel. Wir werden bald über einen hohen Hügel wandern, du aber mußt dich dann gut verstecken, damit dich niemand findet. Wenn die beiden Männer, die dich hierhergebracht haben, dich entdecken, dann machen sie dich ganz zu einem Schatten."

Bald zog eine lange Reihe von Schattenwesen los, bis sie zu einer Hügelkette mächtiger Felsbrocken kamen. Das Mädchen war mit der Alten am Ende des Zuges geblieben. Die Alte redete sie noch einmal an und sagte: „Wir gehen jetzt dorthin, wo kein Sterblicher hingelangen kann. Wir wollen im Schnee ein tiefes Loch graben, du mußt dich darin von mir eingraben lassen. Vier Tage und vier Nächte mußt du darin bleiben. Erst danach darfst du herauskommen. Wenn die beiden Männer merken, daß du nicht mehr bei uns bist, werden sie kommen und dich suchen. Sie dürfen aber nur vier Tage an dieser Stelle bleiben." In ihre Kleider gehüllt, blieb das Mädchen in der Grube liegen. Dann arbeitete sie sich aus ihrer Schneegrube heraus und machte sich auf den Heimweg. Als sie zu einem Fluß kam, wollte sie Fische fangen, aber auch diese rochen so ekelhaft wie die in dem Schattendorf. Sie ging nun den Fluß entlang und fand dort an einer Stelle einen riesigen Baumstamm liegen, so groß, wie sie noch nie einen gesehen hatte. Mit ihrem Lederbeutel kletterte sie auf den Stamm und richtete sich darauf ein. Am Morgen wurde der Baumstamm vom Ufer losgetrieben und schoß nun flußab weiter.

Vielleicht waren schon ein paar Stunden vergangen, da hörte das Mädchen in der Ferne den Gesang und den Trommelklang der Bewohner eines Dorfes. Zwei Männer kamen mit ihren Booten näher zu dem in der Strömung treibenden Stamm. Rechtzeitig bemerkte das Mädchen, daß es Schattenwesen waren. Sie gab jedem ein Kleidungsstück aus ihrem Lederbeutel, da ließen die Männer von ihr ab und kehrten zu ihrem Dorf zurück. Noch mehrmals hatte sie solche Begegnungen. Eines Morgens aber trieb der Baumstamm ans Ufer und hing fest. Das Mädchen verließ das Gefährt und ging zu Fuß weiter, immer dem Fluß entlang. – Irgendwann sah sie ein Kanu, das den Fluß hinauffuhr. Als es näher herankam, erkannte sie in dem alten und zerbrochenen Boot ihren Vater. Aber alles Rufen und Winken nutzte nichts, das Kanu fuhr weiter, ohne auf sie zu achten.

Schließlich kam sie wieder in ihrer Heimat an, trat in die Hütte ihrer Eltern und sah ihre Mutter weinend am Feuer sitzen. Da setzte sich das Mädchen auf ihren Schoß und umarmte sie. Da hörte die Mutter auf zu weinen und sagte: „Was ist mit mir geschehen? Mein

Schoß ist schwer geworden und ich spüre Küsse auf
den Wangen, kann aber niemand sehen." Da schaute
sich das Mädchen im Hause um und sah in einer Ecke
ein Gefäß mit Fischrogen, wie die Medizinmänner ihn
für ihre Riten verwenden. Sie nahm davon und rieb
sich damit den ganzen Körper ein. Sofort konnte die
Mutter ihre totgeglaubte Tochter sehen und hören. – Da
mußte das Mädchen erzählen, wie es ihr ergangen war,
und als sie von der Begegnung mit dem Vater berich-
tete, sagte die Mutter: „Ja, dein Vater ist vor kurzem
gestorben und wir haben das alte Kanu auf sein Grab
gelegt." Nun fragte das Mädchen nach den Brüdern und
erfuhr, daß sie gerade im Gemeinschaftshaus seien und
das Totenfest für ihre Schwester hielten. Nun wickelte
sie sich in eine große Felldecke und ging mit der Mutter
ins Festhaus.

Viele Menschen hatten sich dort versammelt, die Brüder standen vor einem ganzen Haufen von Fellklei-
dern, die sie an die Gäste zu Ehren der verstorbenen
Schwester verteilten. Da warf das Mädchen ihre Decke
ab und lief unter die Trauergäste. Staunend wurde sie
als die Totgeglaubte erkannt, und mit Bewunderung
hörten alle ihre Erzählungen mit an, wie sie ins Schattenreich gekommen war und wie sie wieder davon frei-
kam.

Seit dieser Zeit achten die Indianer darauf, daß bei jeder
Mahlzeit ein Teil des Essens für die Verstorbenen bei-

seite gelegt wird, damit auch die Wesen der Schatten-
welt nicht zu hungern brauchen. Und auch die Toten-
feier für die Verstorbenen wird bis auf den heutigen Tag
abgehalten.[16]

Die Wende
JITZCHOK LEJB PEREZ[17]

Es war einmal ein Königssohn, der war erfüllt von
Schwermut. Die Ärzte versuchten zu klären, wo diese
Schwermut herrühre. Die einen sagten, er habe
schlechte Augen und sähe alles gelb, grün und gelb...
Man versuchte, ihm verschiedene Brillen zu geben,
doch keine konnte ihm helfen...
Andere meinten, daß er in seiner Kindheit irgend etwas
verschlungen haben müsse, irgendein unreines kleines
Tier, und dieses sitze ihm jetzt in der Seele und verekele
ihm das Leben. Und auch dagegen konnte man kein
Mittel finden!
Doch der König wollte seinen Sohn unbedingt retten,
ihn erfreuen und aufheitern. Und er kaufte ihm vieler-
lei goldene und silberne Dinge. Aus allen Weltgegen-
den brachte man ihm allerlei Spezereien, allerlei Kri-
stalle und teure Geschmeide. Alles war vergebens!
Man erbaute ihm einen Palast in einem Garten, und in
den Garten pflanzte man allerlei Bäume, Gewächse
und Blumen. Man bestreute die Wege mit Goldsand.
Man grub einen Teich und füllte ihn mit frischem

Quellwasser, lebendigem Wasser, und auf dem Wasser schwammen weiße Gänse mit langen Hälsen, die sich so ruhig und so schön auf dem Wasser wiegten wie die Seelen im Paradies. Es half alles nichts!...

„Auf allen diesen Dingen", sagte der Königssohn, „ruht die Schwermut! Der Baum wächst in Schwermut, die Blumen blühen in Schwermut, und das Wasser weint in der Stille, als ob es um etwas trauere..." Und die weißen Gänse erinnerten ihn an Totengewänder.

Und die süßen Früchte, Weinäpfel, Granaten und Weintrauben, schmeckten ihm bitter; bitter und widerlich.

Am schlimmsten war es, wenn der Königssohn im Gartenteich oder in einem Spiegel des Palastes sein Gesicht erblickte...

„Ich bin tot!" rief er jedesmal aus. „Auf meinem Gesicht liegt kein Schimmer des Lebens..."

Aber plötzlich wurde alles anders: Der Königssohn fing zu lachen an. Plötzlich war alles im Garten grün und voller Schönheit, alles wurde auf einmal lebendig und der Königssohn auch!

Und was, glaubt ihr, war geschehen? Eine Kleinigkeit!

Auf der Landstraße, die am Garten vorbeiführte, ging ein Zaddik, einer von den Gerechten. Er war ganz matt und müde und ging zu einer B'rit-Milah (einer Beschneidungsfeier) oder einer ähnlichen gottgefälligen Handlung. Weiß ich was?

Er ist müde und leidet Hunger und Durst. Gleich wird er in Ohnmacht fallen! Das will man aber im Himmel nicht zulassen.

Reißt sich ein Apfel vom Baume los und fällt dem Zaddik vor die Füße ...

Er hebt den Apfel auf, spricht den Segensspruch, beißt hinein – und schon ist's geschehen! Im gleichen Augenblick verschwand die Schwermut von allen Dingen; der Zauber war gebrochen, und alles war voller Freude!

Denn es ist, wie ich euch sage: Die Freude ist in seinen Wohnungen!

„Seltsam sind die nächtigen Pfade des Menschen"

Labyrinthische Erfahrungen

Das Volk, so im Finstern wandelt,
siehet ein großes Licht

Simon Dach[18]

Die wir in Todes Schatten
So lang gesessen sind
Und kein Erleuchtung hatten
In Gottes Sachen blind,
Und kunnten nichts verstehen,
Nicht Gnade noch Gericht,

Sehn über uns aufgehen
Anjetzt ein großes Licht;

Ein Licht, dadurch wir schauen
In Gottes Herz hinein,
Daß er in Zuvertrauen
Der Unsre nun will sein;
Ein Licht, das heftig brennet
In unser Fleisch und Blut,
Daß sich ein Mensch erkennet,
Und was für Sünd er tut;

Ein Licht, das plötzlich fähret
Tief in der Gräber Nacht
Und uns den Tod erkläret
Mit aller seiner Macht,
Das uns die Hölle zeiget
Und was darinnen ist,
Da Satan sich eräuget
Samt seiner ganzen List (...)

Voraus, geh ich die Schatten
Des Todes letztlich ein,
Komm mir, o Licht, zustatten
Und leit mich Himmel-ein;
Wend Kleinmut, Furcht und Grauen
Und laß mich deine Zier
Und alles dort anschauen,
Was Hoffnung ist allhier.

Ein Lied in sehr
großen Anfechtungen
NICOLAUS SELNECKER[19]

Ach Gott, wem soll ich klagen
mein Angst und Elend schwer?
Ich möcht wohl gar verzagen,
wenn, Herr, dein Trost nicht wär.
Mein Sünd mein Herz macht krank und matt,
bei Tag, bei Nacht es bebet,
kein Fried noch Freude hat.

Kreuz folget nacheinander,
dies heut, dies morgen her,
durchs Jammertal ich wander,
ich bin geplaget sehr:
Inwendig viel der Schrecken sind,
auswendig Kampf und Gfahre,
manch Unfall sich da find.

Es schlägt gleich wie ein Hammer
und wie ein Donnerkeil,
es häuft sich Herzen-Jammer,
ich wein und kläglich heul,
ich weiß oft weder aus noch ein,
den Tod ich mir auch wünsche,
o wär ich aus der Pein!

Was soll mir doch dies Leben,
ists doch voll Sünd und Straf?
Kein Freud kein Mensch kann geben,
ich bin ein irrend Schaf;
der Wolf, der Teufel, setzt mir zu,
mein eigen Herz erschricket,
die Welt läßt mir kein Ruh.

Wer ist, der mich kann retten,
wer ist mein Heil und Sieg?
Wer hilft von Band und Ketten,
darin ich gfangen lieg?
Wer gibt mir Trost ins Herze mein?
Wer tut sich mein erbarmen?
Wer will mein Helfer sein?

Das tustu, Herr, alleine,
Gotts und Marien Sohn,
zu dir ich komm und weine,
du bist meins Herzen Kron,
mein Trost, mein Heil, meins Lebens Saft,
dein Nam tut mich erquicken
und gibt der Seelen Kraft.

Du bist mein Gott, mein Leben,
du hast für mich bezahlt,
dich selbst für mich gegeben
in gringer Knechtsgestalt.
Mein Fleisch und Blut du worden bist,

dein Blut hastu vergossen,
dein Unschuld du mir gibst.

Ich geh daher in Sprüngen,
der Himmel ganz ist mein,
mit Freuden tu ich singen:
Gott will mir gnädig sein.
Sein Sohn ist ja mein Fleisch und Blut
und sitzt zus Vaters Rechten,
mein Hort und ewigs Gut.

Wie sollt mir denn nu grauen?
Was wollt ich fürchten doch?
Christo will ich vertrauen
und so tragen mein Joch
und dringen durch des Todes Not
zum Leben nauf gen Himmel,
Amen, das walte Gott!

Ich bin die Auferstehung und das Leben

PAUL FLEMING[20]

Ich aber bin der Tod und ganze Niederlage,
vermag nicht soviel Kraft, um mich zu richten auf;
ich fälle mich selb-selbst durch meinen eigenen Lauf,
matt, kraftlos, ohne Macht. Wer ist hier, dem ichs klage?
Ach, daß ein Retter käm und hülfe meiner Plage!

An wen doch steif ich mich? Wer giebet Achtung drauf,
wie ängstlich mir geschicht? Es häuft sich Hauf auf
     Hauf
an Not, an Angst, an Qual, in welcher ich verzage.
So lieg ich Schwacher denn in tausend herben Schmerzen;
so sterb ich Toter vor, ehs jemand nimmt zu Herzen:
und läg und stürb ich mir, so hätt es keine Not.
Komm, Auferstehung, komm! Komm, Leben, komm
     geschwinde!
Hilf mir, mir Liegenden, mir Toten in der Sünde,
sonst bleib ich armer Mensch stets liegend und stets tot.

Ich leb, ich sterb

LOUIZE LABÉ[21]

Ich leb, ich sterb: Ich brenn und ich ertrinke.
Ich dulde Glut und bin doch wie im Eise;
mein Leben übertreibt die harte Weise
und die verwöhnende und mischt das Linke

mir mit dem Rechten, Tränen und Gelächter.
Ganz im Vergnügen find ich Stellen Leides,
was ich besitz, geht in und wird doch ächter:
Ich dörr in einem, und ich grüne, beides.

So nimmt der Gott mich her und hin. Und wenn
ich manchmal mein', nun wird der Schmerz am größten,
fühl ich mich plötzlich ganz gestillt und leicht.

Und glaub ich dann, ein Dasein sei erreicht,
reißt es mich nieder aus dem schon Erlösten
in eine Trübsal, die ich wiederkenn.

Die Seinslage des Menschen
BLAISE PASCAL[22]

Man denke sich eine Anzahl Menschen, die in Ketten
liegt und zum Tode verurteilt ist; täglich werden einige
vor den Augen ihrer Brüder erdrosselt und die übrigen
sehen das gleiche Schicksal bald sich selbst beschieden.
Mit Schmerz und Hoffnungslosigkeit sehen sie sich
gegenseitig an und warten, bis die Reihe an sie kommt:
das ist das Bild vom Schicksal des Menschen.

Proserpina im Hades
JOHANN WOLFGANG VON GOETHE

Herunter gerissen
In diese endlosen Tiefen!
Königin hier!
Königin?
Vor der nur Schatten sich neigen!

Hoffnungslos ist ihr Schmerz!
Hoffnungslos der Abgeschiedenen Glück,
Und ich wend's nicht.
Den ernsten Gerichten
Hat das Schicksal sie übergeben;
Und unter ihnen wandl' ich umher,
Göttin! Königin!
Selbst Sklavin des Schicksals!

Ach! das fliehende Wasser
Möcht' ich dem Tantalus schöpfen,
Mit lieblichen Früchten ihn sättigen!
Armer Alter!
Für gereiztes Verlangen gestraft! –
In Ixions Rad möcht' ich greifen,
Einhalten seinen Schmerz!
Aber was vermögen wir Götter
Über die ewigen Qualen!
Trostlos für mich und für sie,
Wohn' ich unter ihnen und schaue
Der armen Danaiden Geschäftigkeit!
Leer und immer leer,
Wie sie schöpfen und füllen!
Leer und immer leer!
Nicht einen Tropfen Wassers zum Munde,
Nicht einen Tropfen Wassers in ihre Wannen!
Leer und immer leer!
Ach so ist's mit dir auch, mein Herz!
Woher willst du schöpfen? – und wohin? –

Aber weh!
es wandelt in Nacht
FRIEDRICH HÖLDERLIN[23]

Aber weh! es wandelt in Nacht, es wohnt, wie im
>   Orkus,
Ohne Göttliches unser Geschlecht. Ans eigene Treiben
Sind sie geschmiedet allein, und sich in der tosenden
>   Werkstatt
Höret jeglicher nur und viel arbeiten die Wilden
Mit gewaltigem Arm, rastlos, doch immer
Unfruchtbar, wie die Furie, bleibt die Mühe der Armen.
Bis, erwacht vom ängstigen Traum, die Seele den Men-
>   schen
Aufgeht, jugendlich froh, und der Liebe segnender
>   Othem
Wieder, wie vormals oft, bei Hellas blühenden Kin-
>   dern,
Wehet in neuer Zeit und über freiere Stirne
Uns der Geist der Natur, der fernherwandelnde, wieder
Stilleweilend der Gott in goldnen Wolken erscheinet.
Ach! und säumest du noch? und jene, die Göttlichge-
>   bornen,
Wohnen immer, o Tag! noch als in Tiefen der Erde
Einsam unten, indes ein immerlebender Frühling
Unbesungen über dem Haupt den Schlafenden däm-
>   mert?
Aber länger nicht mehr! schon hör ich ferne des Fest-
>   tags

105

Chorgesang auf grünem Gebirg und das Echo der
        Haine,
Wo der Jünglinge Brust sich hebt, wo die Seele des
        Volks sich
Stillvereint im freieren Lied, zur Ehre des Gottes,
Dem die Höhe gebührt, doch auch die Tale sind heilig;
Denn, wo fröhlich der Strom in wachsender Jugend
        hinauseilt,
Unter Blumen des Lands, und wo auf sonnigen Ebnen
Edles Korn und der Obstwald reift, da kränzen am Feste
Gerne die Frommen sich auch, und auf dem Hügel der
        Stadt glänzt,
Menschlicher Wohnung gleich, die himmlische Halle
        der Freude.
Denn voll göttlichen Sinns ist alles geworden,
Und vollendet, wie sonst, erscheinst du wieder den
        Kindern
Überall, o Natur! und, wie vom Quellengebirg, rinnt
Segen von da und dort in die keimende Seele dem
        Volke.

Erwachen

JAN JACOB LODEWIJK TEN KATE[24]

Ich träumte – Licht und Finsternisse stritten
In meinem Traum, der unenträtselbar:
Bedauern, Ahnen, nicht erhörte Bitten,
Und mit- und ineinander Falsch und Wahr.

Nur Schemen, die mir durch die Finger glitten;
Ich flog, ich kroch, wo nirgends Festes war,
Ich hab im Nu erlebt, im Nu durchlitten
Mehr, als ein Herz erfühlt in Jahr auf Jahr.

Auf stieg der Tag, des Zaubers Fesseln brachen,
Und, lächelnd über meinen wüsten Traum,
Sah ich und hörte Licht und Leben lachen.

Gott, wenn Du in des neuen Lebens Raum
Den Morgen Deiner Glorie wirst entfachen,
Wie werden wir dann lächeln beim Erwachen!

Der Tod der Armen

CHARLES BAUDELAIRE[25]

Der Tod, ach, ist uns Trost und hoffnungsvolles Lieben,
er ist des Lebens Ziel, die Kraft, die uns durchdringt,
er ist der Zaubertrank, von dessen Rausch getrieben
wir mutvoll weiterschreiten, bis daß der Abend sinkt.

Durch Sturmwind, Reif und Schnee, die eisig
     niederstieben,
ist er die Klarheit, die durchs Dunkel zitternd sinkt;
die große Herberg, wie sie in dem Buch geschrieben,
wo man sich setzen kann, wo Schlaf und Speise winkt.

Er ist ein Engel, der des tiefen Schlafs Beglückung
in Zauberhänden hält und seligen Traums Verzückung
und der ein weiches Bett den nackten Armen macht;

er ist der Götter Ruhm, des Erntesegens Milde,
des Armen Gold, sein alt und heimatlich Gefilde,
das weiterschlossne Tor zu neuer Himmel Pracht.

Die Reise VIII
CHARLES BAUDELAIRE[26]

Tod! Greiser Kapitän! Zeit ist zum Ankerlichten!
Dies Land sind müde wir. O Tod, in See hinein!
Dräun, schwarz wie Tinte, Meer und Luft uns zu
      vernichten,–
im Herzen, das du kennst, strahlt doch ein lichter Schein!

Laß zu erneuter Kraft dein eisig Gift uns trinken!
Wir wollen – uns verbrennt das Hirn in Glut und Graun –
tief in des Abgrunds Nacht, ob Höll, ob Eden, sinken,
ins Unbekannte sein, um Neues zu erschaun.

Ballade des äußeren Lebens
HUGO VON HOFMANNSTHAL[27]

Und Kinder wachsen auf mit tiefen Augen,
Die von nichts wissen, wachsen auf und sterben,
Und alle Menschen gehen ihre Wege.

Und süße Früchte werden aus den herben
Und fallen nachts wie tote Vögel nieder
Und liegen wenig Tage und verderben.

Und immer weht der Wind, und immer wieder
Vernehmen wir und reden viele Worte
Und spürten Lust und Müdigkeit der Glieder.

Und Straßen laufen durch das Gras, und Orte
Sind da und dort, voll Fackeln, Bäumen, Teichen,
Und drohende, und totenhaft verdorrte ...

Wozu sind diese aufgebaut? Und gleichen
Einander nie? Und sind unzählig viele?
Was wechselt Lachen, Weinen und Erbleichen?

Was frommt das alles uns und diese Spiele,
Die wir doch groß und ewig einsam sind
Und wandernd nimmer suchen irgend Ziele?

Was frommts, dergleichen viel gesehen haben?
Und dennoch sagt der viel, der „Abend" sagt,
Ein Wort, daraus Tiefsinn und Trauer rinnt

Wie schwerer Honig aus den Waben.

Der Abgrund
CHARLES BAUDELAIRE[28]

Pascal sah eine Kluft, wo er auch ging und stand.
Ein Abgrund ist das All: Traum, Handlung, Wort,
    Verlangen!
Wie oft ist über mich der Wind des Schrecks gegangen,
daß sich mein Haar erhob, von eisiger Furcht gebannt.

Die Tiefen und die Höhn, das Graun, das uns
        umfangen,
das Drehn des Weltenraums, der stummen Wüsten
        Land...
auf meiner Nächte Grund malt Gott mit kundiger
        Hand
die Schauer eines Traums voll endlos schwerem
        Bangen.

Ich fürchte mich vorm Schlaf, gleichwie ein Tor man
        scheut
zu unbekanntem Land, wo finstrer Schrecken dräut,
Unendlichkeit seh fahl ich durch die Fenster strahlen,

und meine Seele, die es schwindelt, füllt mit Neid
das wesenlose Nichts in seiner Einsamkeit.
O! niemals mehr sein als Geschöpfe und als Zahlen!

Denn, Herr, die großen Städte
RAINER MARIA RILKE[29]

Denn, Herr, die großen Städte sind
verlorene und aufgelöste;
wie Flucht vor Flammen ist die größte, –
und ist kein Trost, daß er sie tröste,
und ihre kleine Zeit verrinnt.

Da leben Menschen, leben schlecht und schwer,
in tiefen Zimmern, bange von Gebärde,
geängsteter denn eine Erstlingsherde;
und draußen wacht und atmet deine Erde,
sie aber sind und wissen es nicht mehr.

Da wachsen Kinder auf an Fensterstufen,
die immer in demselben Schatten sind,
und wissen nicht, daß draußen Blumen rufen
zu einem Tag voll Weite, Glück und Wind, –
und müssen Kind sein und sind traurig Kind.

Da blühen Jungfrauen auf zum Unbekannten
und sehnen sich nach ihrer Kindheit Ruh;
das aber ist nicht da, wofür sie brannten,
und zitternd schließen sie sich wieder zu.

Und haben in verhüllten Hinterzimmern
die Tage der enttäuschten Mutterschaft,
der langen Nächte willenloses Wimmern
und kalte Jahre ohne Kampf und Kraft.

Und ganz im Dunkel stehn die Sterbebetten,
und langsam sehnen sie sich dazu hin;
und sterben lange, sterben wie in Ketten
und gehen aus wie eine Bettlerin.

Orpheus, Eurydike, Hermes

Rainer Maria Rilke

Das war der Seelen wunderliches Bergwerk.
Wie stille Silbererze gingen sie
als Adern durch sein Dunkel. Zwischen Wurzeln
entsprang das Blut, das fortgeht zu den Menschen,
und schwer wie Porphyr sah es aus im Dunkel.
Sonst war nichts Rotes.

Felsen war da
und wesenlose Wälder. Brücken über Leeres
und jener große, graue, blinde Teich,
der über seinem fernen Grunde hing
wie Regenhimmel über einer Landschaft.
Und zwischen Wiesen, sanft und voller Langmut,
erschien des einen Weges blasser Streifen
wie eine lange Bleiche hingelegt.

Und dieses einen Weges kamen sie.

Voran der schlanke Mann im blauen Mantel,
der stumm und ungeduldig vor sich aussah.
Ohne zu kauen fraß sein Schritt den Weg
in großen Bissen; seine Hände hingen
schwer und verschlossen aus dem Fall der Falten
und wußten nicht mehr von der leichten Leier,
die in die Linke eingewachsen war
wie Rosenranken in den Ast des Ölbaums.

Und seine Sinne waren wie entzweit:
Indes der Blick ihm wie ein Hund vorauslief,
umkehrte, kam und immer wieder weit
und wartend an der nächsten Wendung stand, –
blieb sein Gehör wie ein Geruch zurück.
Manchmal erschien es ihm, als reichte es
bis an das Gehen jener beiden andern,
die folgen sollten diesem ganzen Aufstieg.
Dann wieder wars nur seines Steigens Nachklang
und seines Mantels Wind, was hinter ihm war.
Er aber sagte sich, sie kämen doch;
sagte es laut und hörte sich verhallen.

Sie kämen doch, nur wärens zwei,
die furchtbar leise gingen. Dürfte er
sich einmal wenden (wäre das Zurückschaun nicht
die Zersetzung dieses ganzen Werkes,
das erst vollbracht wird), müßte er sie sehen,
die beiden Leisen, die ihm schweigend nachgehn:

den Gott des Ganges und der weiten Botschaft,
die Reisehaube über hellen Augen,
den schlanken Stab hertragend vor dem Leibe
und flügelschlagend an den Fußgelenken;
und seiner linken Hand gegeben: sie.
Die So-geliebte, daß aus einer Leier
mehr Klage kam als je aus Klagefrauen;
daß eine Welt aus Klage ward, in der
alles noch einmal da war: Wald und Tal

und Weg und Ortschaft, Feld und Fluß und Tier;
und daß um diese Klage-Welt ganz so
wie um die andre Erde eine Sonne
und ein gestirnter stiller Himmel ging,
ein Klage-Himmel mit entstellten Sternen –:
diese So-geliebte.

Sie aber ging an jenes Gottes Hand,
den Schritt beschränkt von langen Leichenbändern,
unsicher, sanft und ohne Ungeduld.
Sie war in sich wie eine hoher Hoffnung
und dachte nicht des Mannes, der voranging,
und nicht des Weges, der ins Leben aufstieg.
Sie war in sich. Und ihr Gestorbensein
erfüllte sie wie Fülle.
Wie eine Frucht von Süßigkeit und Dunkel,
so war sie voll von ihrem großen Tode,
der also neu war, daß sie nichts begriff.

Sie war in einem neuen Mädchentum
und unberührbar; ihr Geschlecht war zu
wie eine junge Blume gegen Abend,
und ihre Hände waren der Vermählung
so sehr entwöhnt, daß selbst des leichten Gottes
unendlich leise leitende Berührung
sie kränkte wie zu sehr Vertraulichkeit.

Sie war schon nicht mehr diese blonde Frau,
die in des Dichters Liedern manchmal anklang,

nicht mehr des breiten Bettes Duft und Eiland
und jenes Mannes Eigentum nicht mehr.
Sie war schon aufgelöst wie langes Haar
und hingegeben wie gefallner Regen
und ausgeteilt wie hundertfacher Vorrat.

Sie war schon Wurzel.
Und als plötzlich jäh
der Gott sie anhielt und mit Schmerz im Ausruf
die Worte sprach: Er hat sich umgewendet –,
begriff sie nichts und sagte leise: Wer?

Fern aber, dunkel vor dem klaren Ausgang,
stand irgend jemand, dessen Angesicht
nicht zu erkennen war. Er stand und sah,
wie auf dem Streifen eines Wiesenpfades
mit trauervollem Blick der Gott der Botschaft
sich schweigend wandte, der Gestalt zu folgen,
die schon zurückging dieses selben Weges,
den Schritt beschränkt von langen Leichenbändern,
unsicher, sanft und ohne Ungeduld.

Offenbarung und Untergang

GEORG TRAKL[30]

Seltsam sind die nächtigen Pfade des Menschen. Da ich nachtwandelnd an steinernen Zimmern hinging und es brannte in jedem ein stilles Lämpchen, ein kupferner Leuchter, und da ich frierend aufs Lager hinsank, stand zu Häupten wieder der schwarze Schatten der Fremdlingin, und schweigend verbarg ich das Antlitz in den langsamen Händen. Auch war am Fenster blau die Hyazinthe aufgeblüht und es trat auf die purpurne Lippe des Odmenden das alte Gebet, sanken von den Lidern kristallne Tränen geweint um die bittere Welt. In dieser Stunde war ich im Tod meines Vaters der weiße Sohn. In blauen Schauern kam vom Hügel der Nachtwind, die dunkle Klage der Mutter, hinsterbend wieder und ich sah die schwarze Hölle in meinem Herzen; Minute schimmernder Stille. Leise trat aus kalkiger Mauer ein unsägliches Antlitz – ein sterbender Jüngling – die Schönheit eines heimkehrenden Geschlechts. Mondesweiß umfing die Kühle des Steins die wachenden Schläge, verklangen die Schritte der Schatten auf verfallenen Stufen, ein rosiger Reigen im Gärtchen. –

Aus dem Tagebuch
von Franz Kafka

15. August 1913. Qualen im Bett gegen Morgen. Einzige
Lösung im Sprung aus dem Fenster gesehn. Die Mutter
kam zum Bett und fragte, ob ich den Brief abgeschickt
habe und ob es mein alter Text gewesen sei. Ich sagte, es
wäre der alte Text, nur noch verschärfter. Sie sagte, sie
verstehe mich nicht. Ich antwortete, sie verstehe mich
allerdings nicht und nicht etwa nur in dieser Sache. Später fragte sie mich, ob ich dem Onkel Alfred schreiben
werde, er verdiene es, daß ich ihm schreibe. Ich fragte,
wodurch er es verdiene. Er hat telegraphiert, er hat
geschrieben, er meint es gut mit dir. „Das sind nur
Äußerlichkeiten", sagte ich, „er ist mir ganz fremd, er
mißversteht mich vollständig, er weiß nicht, was ich
will und brauche, ich habe nichts mit ihm zu tun." –
„Also keiner versteht dich", sagte die Mutter, „ich bin dir
wahrscheinlich auch fremd und der Vater auch. Wir alle
wollen also nur dein Schlechtes." – „Gewiß, ihr seid mir
alle fremd, nur die Blutnähe besteht, aber sie äußert sich
nicht. Mein Schlechtes wollt ihr gewiß nicht."

Ich werde mich bis zur Besinnungslosigkeit von allen
absperren. Mit allen mich verfeinden, mit niemandem
reden.[31]

Aus dem Tagebuch
von Eugène Ionesco

Wie viele Bilder, wie viele Worte, wie viele Personen, wie viele symbolische Figuren, wie viele Zeichen, kunterbunt durcheinander und alles auf einmal, ungefähr dasselbe, aber nie ganz dasselbe, ein Wirrwarr ungeordneter Botschaften, die ich vielleicht einmal auseinanderkennen werde, ohne daß es mich in meinem Grundproblem weiterbrächte: Was ist das für eine Welt? Was ist das, was mich umgibt?

Wer bin ich?
Existiert das Ich, und wenn es existiert, wohin gehe ich? Was tue ich, was tue ich hier, was soll ich tun? Von jeher stelle ich mir diese Fragen, und von jeher am Fuße der Mauer. Von jeher vor der verschlossenen Tür. Es gibt keinen Schlüssel. Ich warte auf Antwort, während ich sie mir selber geben oder sie erfinden müßte. Ich warte ständig auf ein Wunder, das nicht geschieht. Wahrscheinlich gibt es nichts zu verstehen. Aber man muß sich damit abfinden, Gründe finden. Oder den Verstand verlieren.

In mir ist die Hölle. Ich weiß jetzt, was die Hölle ist.
Ich träume, daß jemand mir sagt: „Sie können die Lösung der Rätsel, die Antwort auf alle Ihre Fragen nur durch den Traum erhalten. Sie müssen also träumen." Ich schlafe also im Traume ein und träume meinen

Traum, daß ich den absoluten, offenbarenden Traum träume. Ich wache im Traum auf und erinnere mich im Traum an den Traum des Traumes; „ich weiß" jetzt, und mich erfaßt eine ungeheure, ungetrübte Freude. Beim Erwachen, beim wahren Erwachen erinnere ich mich gut daran, daß ich geträumt habe, ich erinnere mich, geträumt zu haben, daß ich den Traum der Offenbarung geträumt habe, aber ich erinnere mich also nicht mehr an seinen Inhalt. Wieder einmal ist mir der Traum, der alles erklärt, jener Traum der absoluten Wahrheit, entglitten.[32]

Die Sterbenden nehmen von den Verstorbenen Abschied

WITOLD GOMBROWICZ[33]

Mit K. war ich seit mehreren Jahren täglich sieben Stunden zusammen – mein Arbeitsgefährte, Beamter wie ich – und ich hatte ihn liebgewonnen... Am vergangenen Freitag hatte ich mich von ihm verabschiedet wie immer – doch am Montag schon setzte er sich nicht mehr an den Schreibtisch. Er verschwand oder verstarb. Er verstarb plötzlich und verschwand so vollständig, als habe ihn eine Hand aus unserer Mitte genommen. Ich habe ihn noch einmal im Sarge gesehen, wo er wie eine aufdringliche Sache aussah, die sich in die Augen wirft. Ein peinlicher Eindruck.

In gewissen Zeitabständen verschwindet jemand von den Kollegen auf diese Art, und dann sagen wir, die Köpfe in die Arme drückend: Hm, hm ... (was können wir denn anderes sagen?) und eine leichte Bestürzung hängt in der Luft. Und dennoch sind wir alle in bedeutender Mehrzahl, wir Beamten, schon im Begriff zu sterben. Menschen von über Vierzig, die allmählich dem Ende zu gehen, jedes Jahr um ein Jahr älter. Bei dem Begräbnis dachte ich: daß nicht Lebende vom Dahingeschiedenen Abschied nehmen, sondern Sterbende vom Verstorbenen. Auf dem Friedhof in der hellen Mittagsstunde sahen diese Gesichter, von einer gewissen grundsätzlichen Hoffnungslosigkeit gezeichnet, leichenhaft aus wie jene Leiche im Sarge, und ein jeder schleppte sich dahin wie ein Sack voller Ableben.

Sing

JIZCHOK KAZENELSON[34]

3. – 5. X. 1943

O zeig dich mir, mein Volk, so komm und streck die
    Hand!
In meilenlangen tiefen Gruben liegt ihr dicht an dicht,
Schicht unter Schicht, mit Kalk begossen und ver-
    brannt,
heraus heraus steigt von der untersten, der tiefsten
    Schicht!

Kommt alle aus Treblinka, aus Auschwitz, aus Sobibór,
aus Bełżec kommt, o kommt von überall! Kommt mit
      erstarrtem Schrei,
mit aufgerissenen Augen, kommt aus Morast und
      Sümpfen hervor,
in denen ihr tief versunken seid, kommt, kommt herbei –

kommt, Getrocknete, Zermahlene, Zerriebene, kommt,
      stellt euch groß
hier um mich auf im Kreis, in weitem Reifen:
Großväter, Großmütter, Mütter mit Kindern im Schoß –
kommt, jüdische Gebeine, kommt aus Pulvern und
      Seifen.

Zeigt euch, erscheint mir alle, kommt, o kommt zu mir,
ich will euch alle sehn, ich will euch angucken, ich will
auf mein Volk, mein ermordetes, einen Blick tun stumm
      und stier –
und ich will singen ... Ja, gebt her die Harf – ich spiel!

Der Fiedler vom Getto

ABRAHAM SUZKEWER[35]

Da seine Lieder nimmer klangen,
die ihm das Leben einst beseelt,
sind Traum und Wahrheit ihm vergangen:
Die Fiedel hat ihm sehr gefehlt.

Mit ihrem Klingen ging verloren
sein Feuergeist, der nun verschwelt.
Nie wird ein Wunder mehr geboren,
die Fiedel hat ihm sehr gefehlt.

Er hat sie in geheimer Trauer
vergraben wie ein Fläschel Wein
jenseits von Tor und Gettomauer,
sollt nicht mit ihm gefangen sein.

Jedoch was ist er ohne Geige:
Ein Bündel Knochen ohne Sinn.
Es rinnt die Zeit und geht zur Neige,
und wie sie kommt, so geht sie hin.

Die Träne ist nurmehr ein Tropfen,
ein Wort ist wie ein Staub im Wind.
Die Abendröte ihm zu Kopfe
wird grau, noch ehe sie zerrinnt.

Die Menschen leben wie in Spiegeln.
Man lebt und weiß nicht, was man tut.
Und Blut auf Steinen und auf Ziegeln
weiß nicht, daß es genannt ist: Blut.

Mit einem Spaten, spät am Abend
schlich er sich zum zerstörten Haus
und hoffte, nach der Fiedel grabend
gräbt er am End die Hoffnung aus.

Wie giert er nach der Fiedel: Trinken
will er aus ihrem Quell das Licht.
Er wühlt und gräbt, und sieht sie blinken,
sie drängt sich aus der Erdenschicht,

er beugt sich, greift mit beiden Händen:
Daß er die Fiedel wieder hat!
schleicht leise an den Häuserwänden
zurück in seine Judenstadt,

und vor denselben grauen Steinen
spielt er in heißem Überschwang.
Da regt es sich in den Gebeinen,
und wie ein Herrscher geht der Klang.

Und Wörter freuen sich wie Kinder,
und Kinder werden gar Musik.
Sie ist ein Todesüberwinder –
aufsteht, wer lange schon entschwieg.

Und Massen kommen aus den Gruben,
Gefährten, angetan mit Tau.
Er findet seinen toten Buben,
und dort ist auch die tote Frau.

Und jener wird von seinen Tönen
gestärkt und innerlich erhellt,
und Tränen sind nun keine Tränen –
in jeder läutert sich die Welt.

Und alle gehen, alle gaffen
und sehen sich zum erstenmal.
Der Klang hat alle neu erschaffen
zu neuer Freude, neuer Qual.

Und Blut auf Steinen wird zu Stürmen,
als Flagge wird das Wort gehißt.
Wie Keller sich zum Himmel türmen!
Und jeder Mensch ist – was er ist.

Totenklage für den neuen Sonnenaufgang

(Fünfzehn Minuten nach acht Uhr,
am Montag morgen, den 6. August 1945)

EDITH SITWELL[36]

Gebunden an mein Herz wie Ixion ans Rad,
Genagelt an mein Herz wie der Schächer ans Kreuz,
Hänge ich zwischen unserm Christus und der Kluft, in
    der die Welt versank.
Und sehe das Sonnenphantom in der Hungerstraße –
Das Gespenst des Menschenherzens... den roten Kain
Und, mörderischer noch, das Hirn
Des Menschen, Nero, viel blutiger noch, der den Tod
    erfand
Seiner Mutter Erde, und aufriß
Ihren Leib, den Ort zu sehen, wo er empfangen ward.

Doch kein Auge trauerte –
Denn keins war geblieben für Tränen:
Sie waren erblindet wie die Jahre,
Seit Christus geboren ward. Mutter oder Mörderin, du
hast Leben geschenkt und genommen –
Nun ist alles eins!

Einst war ein Morgen, da das heilige Licht
Jung war. Der schöne Erstling aller Wesen kam

Zu unsern Wasserquellen und fand uns ohne Fehl.
Unser Herz schien geborgen in der Brust und sang dem
          Licht entgegen –
Das Mark im Gebein
So träumten wir, war geborgen ... das Blut in den Adern,
          der Saft im Baum
Waren Quellen der Gottheit.
Doch ich sah die winzigen Ameis-Menschen, wie sie
          rannten,
Tragend die Last der Welt aus dem Unflat der Welt
Und zum Unflat im Herzen des Menschen –
Zusammengepreßt, bis all diese Lust und Gier heißer
          waren als die Sonne
Und der Strahl aus solcher Hitze kam lautlos, schüttelte
          den Himmel,
Als ob er Nahrung suche, und drückte die Stengel aus
Von allem, was wächst auf der Erde, bis sie verdorrt
          waren –
Und trank das Mark aus den Knochen:
Die Augen, die geschaut, die Lippen, die geküßt, sind
          dahin
Oder liegen wetterschwarz und grinsen die ermordete
          Sonne an.

Die lebenden Blinden und die sehenden Toten beisam-
          men liegen
Wie die Liebenden ... Kein Haß war da mehr,
Und keine Liebe mehr: Tot ist das Menschenherz.

Offenbarung

ZBIGNIEW HERBERT[37]

Zwei vielleicht drei
male
war ich sicher
ich würde das wesen der dinge greifen
und wissen

das zellengewebe meiner formel
aus allusion wie bei Phädon
besaß auch die genauigkeit
der Heisenbergschen gleichung

reglos saß ich
mit tränenden augen
fühlend wie sich das rückgrat
mit nüchterner sicherheit füllte

die erde stand still
der himmel hielt an
meine reglosigkeit
war beinahe vollkommen

der briefträger hatte geläutet
ich mußte mit dem eimer hinaus
den tee bereiten

Schiwa hob den finger
geräte des himmels und der erde
begannen wieder zu kreisen

ich kam zurück
wo war das vollkommene zimmer
die idee eines glases
ergoß sich über den tisch

ich setzte mich
mit tränenden augen
erfüllt von der leere
das heißt von verlangen

wenn mir das noch einmal passiert
wird mich kein schellen des briefträgers
und kein gebrüll der engel rühren

ich werde sitzen
reglos
starrend
ins herz der dinge

den toten stern

den schwarzen tropfen der unendlichkeit

Können Drogen zu mystischer Erfahrung führen?
RUDOLF GELPKE[38]

Der Rausch trieb rasch einem Höhepunkt zu. Obwohl ich mir fest vorgenommen hatte, ständig Notizen zu machen, erschien mir das nun als reine Zeitverschwendung, die Bewegung des Schreibens als unendlich langsam, die Ausdrucksmöglichkeiten der Sprache als unsäglich armselig – gemessen an der Flut von innerem Erleben, die mich überschwemmte und zu zersprengen drohte. Hundert Jahre, so schien mir, würden nicht ausreichen, um die Erlebnisfülle einer einzigen Minute zu schildern... Ich ging noch weiter fort (die Nähe der andern störte mich) und legte mich in einem Gartenwinkel auf einen sonnenwarmen Holzstoß – meine Finger streichelten dieses Holz... Zugleich versank ich nach innen; es war ein absoluter Höhepunkt: ein Glücksgefühl durchdrang mich, eine wunschlose Seligkeit – ich befand mich hinter meinen geschlossenen Lidern in einem Hohlraum voll ziegelroter Ornamente und zugleich im „Weltmittelpunkt der vollkommenen Windstille". Ich wußte: Alles war gut – der *Grund* und Ursprung von allem war gut. Aber ich begriff im gleichen Augenblick auch das Leiden und den Ekel, die Mißstimmungen und Mißverständnisse des „gewöhnlichen Lebens": dort ist man nie „ganz", sondern zerteilt, zerhackt und zerspalten in die winzigen Scherben der Sekunden, Minuten, Stunden, Tage, Wochen und Jahre;

man ist dort ein Sklave des Molochs Zeit, der einen
stückchenweise auffrißt; man ist zu Stammeln, Stümpe-
rei und Stückwerk verdammt; man muß das Vollkommene und Absolute, das Zugleich aller Dinge, den ewigen Nu des Goldenen Zeitalters, diesen Urgrund des
Seins – der doch schon immer bestand und immer
bestehen wird – „dort", im Alltag des Menschseins, als
einen tief in der Seele begrabenen Qualstachel, als ein
Mahnmal nie erfüllten Anspruches, als eine Fata Mor-
gana von verlorenem und verheißenem Paradies, mit
sich dahinschleppen durch diesen Fiebertraum „Gegenwart" aus einer verdämmernden „Vergangenheit" in
eine umnebelte „Zukunft". Ich begriff es. Dieser Rausch
war ein Weltraumflug nicht des äußeren, sondern des
inneren Menschen, und ich erlebte die Wirklichkeit
einen Augenblick von einem Standort aus, der ir-
gendwo jenseits der Schwerkraft der Zeit liegt.

Der Weg zurück
MIRCEA ELIADE[39]

Hör zu, Lixandru, deute mir folgenden Traum: Mir
träumte, daß ich in der Donau schwamm. Ich schwamm
lange stromaufwärts, bis ich endlich zu ihren Quellen
gelangte. Dort, an der Stelle, wo sie der Erde entspringt,
drang ich in eine riesige, funkelnde Höhle ein, deren
Wände mit lauter Edelsteinen bespickt waren und in
der Tausende von Kerzen brannten.

Ein Priester stand an meiner Seite und flüsterte mir ins Ohr: „Es ist Ostern, darum haben sie so viele Kerzen angezündet." Im gleichen Augenblick vernahm ich die Stimme eines Unsichtbaren: „Hier feiern wir nicht Ostern, denn hier leben wir noch im Zeitalter des Alten Testaments!" Ich empfand große Freude beim Anblick der vielen Kerzen und funkelnden Edelsteine und dachte: „Welch ein Glück, daß es mir gegeben wurde, die Heiligkeit des Alten Testaments zu begreifen. Wie sehr hat Gott doch jene Menschen geliebt, die zur Zeit des Alten Testaments lebten!" Mit diesen Worten erwachte ich.

Einsicht in die Absurdität der Existenz
ALBERT CAMUS[40]

Aufstehen, Straßenbahn, vier Stunden Büro oder Fabrik, Essen, Straßenbahn, vier Stunden Arbeit, Essen, Schlafen, Montag, Dienstag, Mittwoch, Donnerstag, Freitag, Samstag, immer derselbe Rhythmus – das ist sehr lange ein bequemer Weg. Eines Tages aber steht das „Warum" da, und mit diesem Überdruß, in den sich Erstaunen mischt, fängt alles an. „Fängt an" – das ist wichtig. Der Überdruß ist das Ende eines mechanischen Lebens, gleichzeitig aber auch der Anfang einer Bewußtseinsregung. Er weckt das Bewußtsein und bereitet den nächsten Schritt vor. Der nächste Schritt ist die unbewußte Umkehr in die Kette oder das endgültige Erwachen. Schließlich führt dieses Erwachen mit der Zeit folgerichtig zu der Lösung: Selbstmord oder Wiederherstellung. An sich hat der Überdruß etwas Widerliches. Hier jedoch muß ich zu der Überzeugung kommen, daß er gut ist. Denn mit dem Bewußtsein fängt alles an, und nur durch das Bewußtsein hat etwas Wert. Diese Feststellungen sind keineswegs originell. Sie liegen vielmehr auf der Hand, und für eine summarische Bekanntschaft mit den Ursprüngen des Absurden genügen sie einstweilen. Die einfache „Sorge" ist, wie Heidegger es ausdrückt, aller Dinge Anfang.

So trägt uns im Alltag eines geruhsamen Lebens die Zeit. Stets aber kommt ein Augenblick, da wir sie tragen müssen. Wir leben auf die Zukunft hin: „morgen", „später", „wenn du dazu in der Lage bist", „wenn du älter bist, wirst du's verstehen". Diese Inkonsequenzen sind bewundernswert, denn schließlich müssen wir ja doch sterben. Es kommt ein Tag, da stellt der Mensch fest, daß er dreißig Jahre alt ist. Damit beteuert er seine Jugend. Zugleich aber bestimmt er seine Situation, indem er sich in Beziehung zur Zeit setzt. Er nimmt in ihr seinen Platz ein. Er erkennt, daß er sich an einem bestimmten Punkt einer Kurve befindet, die er – dazu bekennt er sich – durchlaufen muß. Er gehört der Zeit, und mit jenem Grauen, das ihn dabei packt, erkennt er in ihr seinen schlimmsten Feind. Ein Morgen wünscht er sich, ein Morgen, während doch sein ganzes Selbst sich dem widersetzen sollte. Dieses Aufbegehren des Fleisches ist das Absurde.

Orpheus' Traum
EDWIN MUIR[41]

Und sie war da. Das kleine Boot,
Das an den gefährlichen Inseln des Schlafs hinfuhr,
Zonen der Vergessenheit und Verzweiflung,
Hielt an, denn Eurydike war da.
Kaum konnte der sinkende Kahn
All diese Seligkeit über Wasser halten.

Als ob wir verlassen hätten den Grenzwald der Erde
Vor langer Zeit schon und aus diesem Meer gewonnen
      hätten
Das verlorene Urbild der Seele,
So gab uns der Augenblick, rein und ganz,
Jeden dem andern zurück und riß uns fort,
Daß keine Wahl blieb, zu dem grenzenlosen Guten.

Vergebung, Wahrheit, Sühne, all
Unsere Liebe auf einmal – bis wir wagen konnten
Zuletzt, das Haupt zu wenden und zu sehn
Den armen Geist Eurydikes
Noch immer sitzen auf dem Silberstuhl,
Allein in Hades' leerer Halle.

„Den Weg durch das Labyrinth der eigenen Zeit finden"

Elias Canetti

Ich bin erst vierzig; aber es vergeht kaum ein Tag, an dem ich nicht vom Tode eines Menschen erfahre, den ich gekannt habe. Mit den Jahren werden ihrer täglich mehr sein. Der Tod wird bis in die einzelnen Stunden kriechen. Wie soll man ihm schließlich nicht verfallen![42]

(Nach der Lektüre der „Denkwürdigkeiten eines Nervenkranken" des früheren Senatspräsidenten Schreber:)

Nach wenigen Stunden packt mich ein quälendes Gefühl des Eingesperrtseins, und je überzeugender das Wahnsystem ist, um das es sich handelt, um so stärker wächst meine Angst.

Zweierlei kommt hier zusammen: einmal die Fertigkeit und Abgeschlossenheit des Wahns, die ein Entrinnen sehr schwierig macht; nirgends Türen; alles fest verschlossen; vergeblich hält man nach etwas Flüssigem Ausschau, in das man untertauchen kann, mit dem man forttreiben könnte; selbst wenn es sich fände, wäre es ausgesperrt; alles ist wie Granit; alles ist finster, und wie natürlich geht diese harte Finsternis auf einen über. In allem, was ich selbst versucht habe, habe ich mich vor eben diesem Abschluß gehütet; nur Öffnungen, nur Platz, war mein oberster Gedanke, so lange viel

Platz bleibt, ist nichts verloren. Hier aber hat einer als seinen Wahn gerade das gedacht, was mir das Leichteste wäre, was ich spielend, ohne Anstrengung zustande bringen könnte. Nie fürchte ich mich mehr vor mir selbst als in der Fertigkeit und Abgeschlossenheit eines fremden Wahns, den ich begreife.

Das zweite und viel Gefährlichere ist, daß ich an der Gültigkeit meiner eigenen Gedanken zu zweifeln beginne (...) Der Unterschied besteht allerdings darin, daß ich sofort abbiege, ohne abzuschließen, was mir zu überzeugend erscheint (...); nie mich einer Methode und schon gar nicht einer eigenen verschreibe; der Enge etablierter Disziplinen durch Rösselsprünge in andere entweiche; durch Erlernen von immer Neuem private Verhärtungen auflöse.[43]

Den Weg durch das Labyrinth der eigenen Zeit finden, ohne ihr zu erliegen, aber auch ohne herauszuspringen.[44]

Manchmal glaube ich, sobald ich den Tod anerkenne, wird sich die Welt in Nichts auflösen.

Es ist nicht abzusehen, was die Menschen zu glauben imstande sein werden, sobald sie einmal den Tod aus der Welt geschafft haben.[45]

Aus dem Tagebuch
einer Krebskranken

MAXIE WANDER [46]

Donnerstag, 16. September
Im Liegen kann ich nicht einmal den Kopf heben. Auch der rechte Arm ist noch sehr schwach und kann kaum den Stift halten, aber ich versuche trotzdem meine erste Eintragung im Tagebuch. Ich brauche etwas, woran ich mich hochziehen kann, die Schwester hat mir einen Gurt versprochen. Werde sie noch einmal erinnern. Sie sind überlastet die Schwestern, ich seh's ja ein!

Freitag, 17. September
Im Operationsraum stehen drei OP-Tische nebeneinander, ich bin der erste Patient. Der Anästhesist fragt mich freundlich, ob ich Angst habe. Ja, sag ich. Er beugt sich über mich, mit einer Maske: Das sei Sauerstoff, erklärt er mir. Ein anderer sticht die Nadel in den linken Arm und läßt mich am Stethoskop mein Herz klopfen hören. Dann strömt was heißes durch die Venen in den Brustkorb... Aus! Alles tut weh, wenn ich huste, denke ich gleich an Lungenmetastasen, der Bauch tut weh, furchtbare Schmerzen, also vielleicht Darmkrebs? Die Stimme ist weg, ich bin völlig heiser, hab ich den Krebs auch im Kehlkopf? Kein Mensch, der mich beruhigt: „Nach solchen Operationen hat man eben keine Stimme, funktioniert eben der Darm noch nicht richtig, sind die Schleimhäute gereizt, müssen Sie erst raushusten!"

Nichts! Bin ganz mir selber überlassen, meinem kaputten Körper und meinem Hirn, das nicht aufhört zu denken.

Das Fenster ist offen, ein frischer Luftzug hüllt mich ein. Ich sehe das Zimmer, die Menschen, ich kann Menschen sehen... Wie bewußt ich auf einmal das Leben liebe. Egal wie, es ist alles kristallklar um mich herum. Nur eine Woche noch oder ein halbes Jahr, aber hinausgehen können, einmal noch da herauskommen und seinen Weg selber bestimmen können! Habe wahnsinnige Angst vor der Auflösung und den Schmerzen und daß ich Fred und die Kinder bis zur Erschöpfung belaste!

Samstag, 18. September

Ich lebe. Jedes Erwachen nach einer Nacht voll Schrecken und Dumpfheit ist wie ein Wunder. Und ich fühle meine Kräfte wachsen. Noch erlaube ich mir keinen Übermut, man muß wachsam sein, und meine Skepsis, die Fred immer angeprangert hat, setzt mir ganz schön zu.

21. September, Herbstbeginn

Über meine Verzweiflung schreibe ich nicht. Ich verdränge das Ungeheuer und rede von Alltäglichem. Mir scheint, ich lebe, weil ich es noch nicht begriffen habe. Dazwischen immer wieder Eintauchen in die große Angst.

Mittwoch, 22. September

Diese Nächte, diese Angst und mein Grübeln über die Ärzte, ihre Unsicherheit, ihr Tappen im Dunkeln. Vielleicht müssen sie die Kranken belügen, nicht jeder erträgt die Wahrheit. Aber dann sollten sie sich zusammensetzen und sich einigen, was sie sagen. So erfährt der Patient, der beobachtet und nachdenkt und Fragen stellt, bohrende Fragen, erfährt er nur ein Mischmasch von Andeutungen, halben Lügen und Widersprüchen, aus denen die Hilflosigkeit und oft auch die menschliche Unreife der Ärzte spricht. Und dann ist der Kranke verunsichert und versinkt in Angst. Angst, habe ich einmal gelesen, kommt aus Nichtwissen. Gewiß, Angst kann auch aus Wissen kommen. Aber wann und was ein Kranker wissen soll, das müßten die Ärzte sorgfältig bestimmen und verantworten können. Aber sie interessiert nur der Tumor, und das ist niederschmetternd.

Krebskranke sind stolz und mißtrauisch, als Kompensation, andere müssen um sie werben, müssen sich Mühe geben! Ich bin zwei Menschen: nachts verzweifelt, tags, wenn die Sonne scheint, glücklich, glücklich!

Heut war ich besonders glücklich, weil ich mit der G. lachen konnte, weil mir meine braunen Beine in der Sonne gefielen, weil ich aufrecht gehen kann, weil der Ahornbaum vor unserem Fenster noch Blätter hat, weil die Pfirsiche so gut schmecken, weil ich Frau R., die eben erst ihre Operation hinter sich hat, trösten konnte, weil, weil, weil...

Kann man sich selber annehmen?
MAX FRISCH[47]

Viele erkennen sich selbst, nur wenige kommen dazu, sich selbst anzunehmen. Wieviel Selbsterkenntnis erschöpft sich darin, den andern mit einer noch etwas präziseren und genaueren Beschreibung unserer Schwächen zuvorzukommen, also in Koketterie! Aber auch die echte Selbsterkenntnis, die eher stumm bleibt und sich wesentlich nur im Verhalten ausdrückt, genügt noch nicht, sie ist ein erster, zwar unerläßlicher und mühsamer, aber keineswegs hinreichender Schritt. Selbsterkenntnis als lebenslängliche Melancholie, als geistreicher Umgang mit unserer früheren Resignation ist sehr häufig, und Menschen dieser Art sind für uns zuweilen die nettesten Tischgenossen; aber was ist es für sie? Sie sind aus einer falschen Rolle ausgetreten, und das ist schon etwas, gewiß, aber es führt sie noch nicht ins Leben zurück ... Daß die Selbstannahme mit dem Alter von selber komme, ist nicht wahr. Dem Älteren erscheinen die früheren Ziele zwar fragwürdiger, das Lächeln über unseren jugendlichen Ehrgeiz wird leichter, billiger, schmerzloser; doch ist damit noch keinerlei Selbstannahme geleistet. In gewisser Hinsicht wird es im Alter sogar schwieriger. Immer mehr Leute, zu denen wir in Bewunderung emporschauen, sind jünger als wir, unsere Frist wird kürzer und kürzer, eine Resignation immer leichter in Anbetracht einer doch ehrenvollen Karriere, noch leichter für jene, die überhaupt keine Karriere machten und sich mit der Arglist der Umwelt trösten, sich abfinden können als verkannte Genies... Es braucht die höchste Lebenskraft, um sich selbst anzunehmen... In der Forderung, man solle seinen Nächsten lieben wie sich selbst, ist es als Selbstverständlichkeit enthalten, daß einer sich selbst liebt, sich selbst annimmt, so wie er erschaffen worden ist. Allein auch mit der Selbstannahme ist es noch nicht getan! Solange ich die Umwelt überzeugen will, daß ich niemand anders als ich selbst bin, bleibe ich ihr Gefangener kraft dieser Angst... Ohne die Gewißheit von einer absoluten Instanz außerhalb menschlicher Deutung, ohne die Gewißheit, daß es eine absolute Realität gibt, kann ich freilich nicht denken, daß wir dahin gelangen können, frei zu sein.

Legen wir den Anderen auf unser Bild von ihm fest?
MAX FRISCH[48]

In gewissem Grad sind wir wirklich das Wesen, das die andern in uns hineinsehen, Freunde wie Feinde. Und umgekehrt! auch wir sind die Verfasser der andern; wir sind auf eine heimliche und unentrinnbare Weise verantwortlich für das Gesicht, das sie uns zeigen, verantwortlich nicht für ihre Anlage, aber für die Ausschöpfung dieser Anlage. Wir sind es, die dem Freunde, dessen Erstarrtsein uns bemüht, im Wege stehen, und zwar dadurch, daß unsere Meinung, er sei erstarrt, ein weiteres Glied in jener Kette ist, die ihn fesselt und langsam erwürgt. Wir wünschen ihm, daß er sich wandle, o ja, wir wünschen es ganzen Völkern! Aber darum sind wir noch lange nicht bereit, unsere Vorstellung von ihnen aufzugeben. Wir selber sind die letzten, die sie verwandeln. Wir halten uns für den Spiegel und ahnen nur selten, wie sehr der andere seinerseits eben der Spiegel unseres erstarrten Menschenbildes ist, unser Erzeugnis, unser Opfer –.

Ars moriendi
ERHART KÄSTNER[49]

Daß der Tod eine Kunst ist, ergibt sich daraus, daß er in jüngeren Jahren, wo es sich eher darauf los stirbt, leichter glückt, späterhin aber schwer wird. Wie Kunst, wird er mit der Zeit schwerer. Da sollte man meinen, mit den Jahren erwürben sich Übung und Mittel und es ließe sich alles mit weniger Mühsal beenden, weniger qualvoll, mit geringer werdendem Zweifel. Aber wer so denkt, hat nicht die Erfahrung des Künstlers. Kunst wird schwerer.

Im Reich der Schatten
ERHART KÄSTNER[50]

Das Reich der Schatten ..., ich bin der Ansicht, daß wir des öfteren dort weilen. Jeder von uns; der Eine häufiger und länger, der Andere seltener, wer niemals? Im Hades, das heißt: seine Ohnmacht fühlen, das heißt: sich beim Unwesentlichen aufhalten. Das heißt: sich in der Zerstreuung verlieren, im Getriebe, Gemache. Die Sehnsucht, dem zu entfliehen, haben wir wahrscheinlich Alle. Der Ort, dem man entfliehen will, das ist eben der Hades. So ließe sich das Schattenreich definieren.

Das Schattenhafte ... bedroht uns immer und Alle. Hades ist täglich. Vergeblichkeit ist, was ins Haus steht, nicht wahr ... Mehr als die tägliche Sünde bedroht uns das tägliche, nächtliche Schattenwesen, das Trübe, Halbe, Zerstreute. Das Schattenhafte ist nicht, wie Gerichtstag und Hölle, ein Später, vielmehr ein ungesicherter Schacht in der Straße, in den wir leicht fallen, jeden Tag, jede Nacht, jede Stunde. Hades, das ist der gespenstische Leerlauf, das ist mein Terminkalender, die ausgebuchten Wochenprogramme, dieses Pausenlose, die ununterbrochene Zerstreuung.

Die Nachtgeräusche

WERNER BERGENGRUEN[51]

Schläfer, nimm dein Herz in acht!
Bist du so gefeit?
Höre, wie der Kauz zur Nacht
Bittermütig schreit.

Höre, wie der Regen rauscht,
Wie der Nachtwind irrt,
Deine Fensterranken bauscht
Und in Drähten klirrt.

Wie's vom Wasserhahn im Flur
Abgemessen tropft,
Wie im Schrank die Totenuhr
Ohne Gnade klopft.

Höre, wie die Ratte nagt
In der Finsternis!
Unablässig, bis es tagt,
Reiht sie Biß an Biß.

Jeder Biß zur schwarzen Zeit
Ist ein Urteilswort,
Trägt dir eine Winzigkeit
Deines Lebens fort.

Der du Bilder goldgewirkt
Träumend um dich scharst,
Bist du so vom Schlaf umzirkt,
Daß du's nicht gewahrst?

Aber liegst du wie im Sarg,
Du entziehst dich nicht,
Denn was sich dem Ohr verbarg,
Drängt in dein Gesicht.

Bildgestalt nimmt jeder Laut:
Feind und Flammenstier,
Ahne und gestorbne Braut
Neigen sich zu dir.

Aus dem wirren Nebelmeer
Zucken Alb und Troll,
Druden hüpfen um dich her,
Fledermäusig toll.

Henker, Viper, Skorpion
Und Lemurenchor
Halten dir in geilem Hohn
Trübe Spiegel vor.

Und du siehst dich totenkrank,
Deine Lippe bleicht.
Ist der blasse Schierlingstrank
Dir schon zugereicht?

Ja, du siehst den letzten Tag,
Grau wie Totenmoos,
Deines Herzens Flatterschlag,
Deines Atems Stoß ...

Bist du, Schläfer, längst erwacht,
Heil vom Licht umsprüht,
Zittert noch die Qual der Nacht
Fremd durch dein Geblüt.

Und du liegst in ihrer Haft,
Bleibst von Spuk umzürnt,
Bis in bittrem Flammensaft
Du dein Herz gehürnt.

Bis sich lodernd Scheit um Scheit
Dir zur Treppe stuft
Und die Unvergänglichkeit
Dich zu Gaste ruft.

Das Labyrinth – Gottes „Falle"

Hades oder Aidoneus, der das Unsichtbare oder das Ewige oder die Götter allgemein bezeichnen soll, wird bald als der Bruder von Zeus, bald als Zeus selbst dargestellt; denn es gibt einen unterirdischen Zeus. Der Name Demeter meint sehr wahrscheinlich die Erdmutter, und Demeter ist mit all jenen Muttergöttinnen wesensgleich, deren Kult soviel Ähnlichkeit mit dem der hl. Jungfrau in der katholischen Vorstellung hat. Die Narzisse ist die Blume, die Narzissus darstellt, jenes so schöne Wesen, das nur in sich selbst verliebt sein konnte. Die einzige Schönheit, die ein Gegenstand der Liebe zu sich selbst, die ihr eigenes Objekt sein könnte, ist die göttliche Schönheit, die hier unten, unter der Gestalt der Schönheit der Welt, als eine Falle für die Seele erscheint.

Mittels dieser Falle ergreift Gott trotz ihrer die Seele. Das ist auch die Vorstellung im „Phaidros" von Platon. Gott muß die Seele in die Natur entlassen, zuvor aber läßt er sie überraschend heimlich einen Granatapfelkern essen. Ißt sie, ist sie für immer eingenommen. Der Granatapfelkern ist die Zustimmung, die die Seele fast ohne ihr Eigenwissen und Eingeständnis mit Gott in Einklang bringt, die ein unendlich Kleines unter allen fleischlichen Neigungen der Seele ist und trotzdem für immer ihr Schicksal bestimmt. Sie ist das Senfkorn, dem Christus das Himmelreich vergleicht, das kleinste der

Samenkörner, das später trotzdem zum Baum wird, in dem die Vögel des Himmels wohnen.

In diesem Mythos gibt es zwei ununterbrochene Zwangseinwirkungen Gottes auf die Seele, die eine als rohe Gewalt, die andere, für die die Zustimmung der Seele an Gott unerläßlich ist und die über das Heil entscheidet. Diese beiden Gegebenheiten finden sich im Mythos von Phaidros und dem von der Höhle wieder. Sie entsprechen dem Gleichnis des Evangeliums vom Hochzeitsmahl, zu dem man die Teilnehmer einfach auf den Straßen suchen ließ, wobei man aber nur die aufnahm, die im hochzeitlichen Kleid waren, – und im Gegensatz zwischen „Gerufenen" und „Auserwählten", – und dem Gleichnis von den Jungfrauen, die alle den Gemahl suchen, unter denen aber nur die zugelassen sind, Öl haben u.s.w....

Die Vorstellung von einer von Gott dem Menschen gestellten Falle ist auch die Bedeutung des Mythos vom Labyrinth, wenn man die hinterher zugefügten Geschichten davon abzieht, die sich auf die Kriege zwischen Kreta und Athen beziehen. Minos, Sohn des Zeus, Richter der Toten, ist jenes einzige Wesen, dessen Namen im Altertum Osiris, Dionysos, Prometheus, Amor, Hermes, Apollo und viele andere sind (die Wahrscheinlichkeit dieser Angleichungen kann begründet werden). Der Minotaurus ist dasselbe Wesen als Stier dargestellt, wie man eben auch Osiris unter der

Gestalt des Apis-Stiers und Dionysos-Zagreus mit Hörnern darstellt (eine Symbolik, die auf den Mond und seine Phasen Bezug hat, kann dieses Bild erklären). Das Labyrinth ist jener Weg, auf dem der Mensch, sowie er ihn betritt, seine Richtung verliert und sich nach einiger Zeit schließlich ohnmächtig sieht, auf seine Spur zurückzufinden und sich irgendwie eine Richtung zu geben; er irrt umher ohne zu wissen wo und gelangt endlich dahin, wo Gott ihn zum Mahle erwartet.

Ostersonntag

ELISABETH LANGGÄSSER[53]

Die Erde bebte und ward stille, als zum Gerichte Gott sich hob. (Offertorium)

Mächtig erschüttert
von ehernem Stoß
tief aus der Unterwelt
berstendem Schoß,

Bricht, in unendlichem
Ansturm zerschellt
unter den triefenden
Himmeln der Welt,

Rasend in Splitter
das Siegel der Nacht.

Dampfend erhebt sich
in glühender Pracht

Sonne, aufdonnernd
zu furchtbarem Glanz,
strahlenden Lichtes
ausbrechender Kranz,

Phönix, der jauchzend
in Neugeburt kreist
und im Triumph sich
der Asche entreißt,

Christus, der Sieger
ob Hölle und Tod.
Zitternd entsteigen
von Gnade umloht,

Glänzendem Gottblut
verzückt und gerecht,
Leiber der Kindschaft,
des Sohnes Geschlecht,

Purpur, dem Purpur
des Lammes enttaucht,
Duft aus den Düften
der Salbung gehaucht,

Schall, mit dem Schalle
der Auffahrt vermischt,

Riesig geöffnet
verschlingen das Nicht

Flammende Male
der Wesenheit Los,
und durch die Tore
der Schmerzen geht groß,

Himmlisch erneuert
zu irdischem Sein,
ganz in Verklärung
das Jahwe-Werk ein.

Orpheus mit der Rose
ELISABETH LANGGÄSSER[54]

Bist du, mir emporgesandt,
endlich wieder da?
Hundertblättriges Gewand,
ließ ich los des Hermes Hand,
noch zum Greifen nah?

Todesgöttin, ernst verhüllt
wie ein Nardenkrug,
Duft, der maßlos höher schwillt,
Balsam, der dem Schoß entquillt:
Ist's der Qual genug?

Brüste, kennt ihr schon nicht mehr
den, dem es gefiel,
euren Bug, begierdeleer
zu berühren, zart und schwer
wie ein Saitenspiel?

Hüften, Schenkel, Glied um Glied
tiefen Schlafes voll ...
Daß der Traum, euch niederzieht,
oder wollt ihr, daß mein Lied
euch erwecken soll?

Stille. Wie in Plutas Haus
weder Ja, noch Nein.
Leise schlüpft zurück die Maus,
doch ein Name weht voraus
wie des Morgens Schein.

Sein Gewölbe sphärisch legt
sich um meinen Leib:
Mutter, die mich mystisch hegt,
Ungeborenen mich, trägt,
heute sagst du: „Bleib!"

In dem Hauch der Rose ruht
wunschlos mein Geschlecht.
Wenn einst der Mänade Wut
mir zerstücket Fleisch und Blut,
ist es Orpheus recht.

Haupt und Leier schwimmen dann
auf dem Samenstrom.
Beides ward ich: Weib und Mann,
Allnatur, erlöst vom Bann,
Wurzel und Arom ...

Das Labyrinth
MARIE LUISE KASCHNITZ[55]

Traumgärten spielerisch sich zu verirren
Ersannen wir und liebten ihre Schatten,
Und waren stolz die Fäden zu entwirren,
Die wir erfinderisch verschlungen hatten.

Von andrer Art sind nun die Labyrinthe
Und gleichen Gärten nicht und Heckenwegen,
Und lächelnd tritt uns nicht im Laubgewinde
Der Liebste hier und dort der Freund entgegen.

Nur eines ist gemeint. Hindurchzufinden.
Nur eine Richtung und nur eine Kraft,
Und um uns her müht eine Schar von Blinden

In unterweltlich drängendem Bestreben
Mit Stoß und Schlag und Schrei der Leidenschaft
Sich um den einen Ausweg: Um das Leben.

Das Labyrinth
als Weg zur Mitte

„Erkenne dich selbst"

Warum ist das Bild vom Labyrinth in besonderer Weise geeignet, als deutende Figur menschlicher Existenz zu dienen? Warum greifen die Menschen so gern auf dieses Symbol zurück, wenn es darum geht, den Wegcharakter des Daseins, seine Schwierigkeiten und Krisen, seine Anfechtungen und Gefahren, aber auch seine Hoffnungen und Sehnsüchte zu veranschaulichen? Die Symbole haben eine Deutekraft in sich, sie können – gerade weil sie mehrdeutig und vielschichtig sind – als Spiegel dienen, in denen wir etwas von unserer

Befindlichkeit wiederentdecken. – Da ist zunächst das elementare Bild vom „Weg": Kein anderes Symbol verdeutlicht den Fortgang und die dauernde Entwicklung des Menschen so anschaulich wie gerade das Bild vom Weg, von der Straße, dem Pfad oder dem Steig. Wir sind dynamische Wesen, in denen sich immerzu Veränderungen ereignen, in unserer physischen Existenz, weil unser Leib dauernd Zellen abbaut und aufbaut, im seelischen Leben, weil wir neue Erkenntnisse gewinnen und Konsequenzen aus unseren Erfahrungen ziehen, als Geistwesen, weil wir immer wieder die Frage beantworten müssen: Wer bin ich eigentlich selbst? Was gibt meinem Dasein Sinn und Halt, worin liegt mein Geheimnis? Unser Lebensweg mag viele Stationen haben, immer heißt es, auch wieder Abschied zu nehmen und den nächsten Schritt zu wagen. „Auf dem Wege Gottes stillstehen, heißt zurückgehen", hat Bernhard von Clairvaux gesagt.

Dieser Weg ist nicht gleichmäßig und bequem gebahnt, er führt durch sehr unterschiedliches Gelände. So wie unsere Erde tiefe Einschnitte hat, Flußläufe und Talrinnen, aber auch steile Gebirge und jähe Felsabgründe, so mag auch unser Lebensweg einen ganz unterschiedlichen Verlauf nehmen. Manchmal können wir eine weite Wegstrecke erkennen und geruhsam weiterwandern, dann wieder stecken wir im Nebel, scheinen den Weg verloren zu haben, sitzen in einer Sackgasse fest und müssen beunruhigt konstatieren, daß wir keine

Ahnung haben, wie es weitergehen soll. Ohne eine gründliche Besinnung hat es keinen Sinn, einfach weiterzulaufen, es könnte ein Weg in die völlige Verirrung sein. Sehr anschaulich hat Meister Eckhart diese Situation gekennzeichnet: „Je weiter sie in die Ferne schweifen, um so weniger finden sie, was sie suchen. Sie gehen wie einer, der den Weg verfehlt: Je weiter der geht, um so mehr geht er in die Irre."[56] Es fragt sich allerdings, ob wir als isolierte Einzelne den rechten Weg erkennen können oder ob wir nicht an wichtigen Entscheidungspunkten und Weggabelungen jemanden brauchen, der uns „Weisung" gibt und uns raten kann.

Im Laufe dieses Voranschreitens gelangen wir zu Übergängen, überschreiten wir Grenzen, gelangen auf andere Ebenen. Oder wir stoßen an verschlossene Pforten und wissen nicht, ob wir eintreten dürfen oder nicht. In vielen Märchen ist von der „verbotenen Tür" die Rede, sie kann Heil und Unheil bringen. Nur zur „rechten Zeit" darf der neue Bereich oder die verborgene Kammer betreten werden, und nur der selbstbewußte und mutige Mensch kommt dabei auch zum Ziel. Vertrauen und Zuversicht gehören dazu, weil noch nicht absehbar ist, was das Neue bringt. Im Gebirge haben die Pfade oft einen Serpentinencharakter, sie winden sich hin und her, bis schließlich die Höhe erreicht ist, der Grat, von dem aus die „andere Seite" gesehen werden kann. Wer die scheinbaren Umwege scheut, gelangt nicht nach oben, erst durch die vielen

Wendungen wird uns allmählich die Höhe geschenkt. Der Weg ist zwar nicht das Ziel, aber er ist notwendig, weil wir uns dadurch auf das Ziel vorbereiten.

Wohin führt aber der labyrinthische Weg? Warum soll ich in die gefährliche Pforte eintreten und mich dem Abenteuer des dunklen Weges widmen? Unser Leben ist ein permanenter Prozeß der Selbstentdeckung, nur wenn ich auch in die eigenen Tiefen hinabsteige, komme ich meiner eigenen Wirklichkeit näher und entdecke auch die bisher unerforschten Provinzen meiner Person. Am Apollotempel von Delphi konnte man die Inschrift lesen: „Erkenne dich selbst", dieser Satz wurde das entscheidende „Programm" des Philosophen Sokrates. Es setzt die Einsicht voraus, daß man sich immer nur bruchstückhaft kennt. Keiner weiß, was alles in ihm steckt, was noch ans Licht drängt und sich entwickeln will. Es wird nie die Situation eintreten, daß sich ein Mensch völlig kennengelernt hat und alle Winkel seiner Seele ihm nun präsent sind. Aber wir können uns auf die Spur kommen, wenn wir eine wache Aufmerksamkeit für innere Regungen entwickeln, wenn es uns gelingt, über unser Tun und Denken Rechenschaft abzulegen und wir uns gewissermaßen selbst gegenüber treten. Das soll aber nicht zu einer unfruchtbaren „Nabelschau" führen, weil dann die Gefahr besteht, entweder in einer Selbstrechtfertigung stecken zu bleiben oder in einer negativen Selbsteinschätzung zu verharren, die uns nicht weiterbringt.

Als Kinder genossen wir die prickelnden Schauder und die faszinierenden Schrecken der Geisterbahn: Da fuhren wir mit einem seltsamen Gefährt in eine dunkle Höhle, in der plötzlich unheimliche Wesen mit schrecklichen Mäulern voller Reißzähne auftauchten und mit ihren Pranken nach uns griffen. Blitzschnell wurde der Wagen immer wieder herumgerissen, gleich tauchten andere Gespenster auf mit leuchtenden Augen in ihren Totenköpfen. – Es war ein permanentes Geschrei und Geheul zu hören, die Schreckensrufe waren aber gleichzeitig Lustschreie über die kribbelnde Angst, die wir zu bestehen hatten. – Vielleicht ist die Geisterbahn unserer Jahrmärkte eine Spielart des Labyrinths. Wir müssen uns darauf vorbereiten, daß wir im Laufe unseres Lebens nicht nur auf das Harmonisch-Schöne und Erfreuliche stoßen, sondern auch auf Grausames und Schreckenerregendes. Zwar mag sich herausstellen, daß nicht jede Fratze so gefährlich ist, wie sie ausschaut, aber alles in der Welt hat ein Doppelantlitz, und ich muß mich mit der dunklen Seite vertraut machen. Aber auch die Entdeckungsreise in unser eigenes Wesen birgt vergleichbare Überraschungen. All die Grausamkeiten und Unberechenbarkeiten, die sich in der „Außenwelt" vorfinden, lassen sich ebenso in unserer eigenen Tiefe entdecken. Zu unserer eigenen Wahrheit gelangen wir erst, wenn wir zugeben, daß auch das Abgründige und Boshafte zu uns gehört und in unserem Wurzelbereich gefunden werden kann. Es ist eine gehörige Portion Gleichmut dazu nötig, bei dieser

Form der Selbstentdeckung nicht in eine resignative Haltung zu geraten.

Der Gang ins Labyrinth hat eine desillusionierende Wirkung: Jeder kann plötzlich für sich erkennen, wie er bemüht war, eine Kulissenwelt aufzubauen und sie für sein wahres Wesen auszugeben. In gewisser Weise konstruieren wir unser Ich selbst, statten es mit bestimmten Vorstellungen aus und sind dann vielleicht selbst von der Richtigkeit dieses Selbstbildes überzeugt. Es kann allerdings passieren, daß dieses Gebilde irgendwann wie ein Kartenhaus zusammenbricht. Wahrscheinlich kommen wir ohne Utopien, Einbildungen, Phantasien gar nicht aus, wir dürfen sie aber nicht verabsolutieren, sonst werden die Ent-täuschungen zu schmerzhaft. In einer seiner Novellen läßt Ludwig Tieck einen Maler sagen: „Jeder Mensch malt und pinselt an sich herum, um sich für besser auszugeben, als er in der Tat ist, und für ein wunderbares köstliches Original zu gelten, da die meisten doch nur geschmierte Kopien von Kopien sind." Das mag auch heute noch als gut beobachtete Erscheinung gelten, wichtiger aber wäre, wie man den Menschen zur größeren Originalität (besser: zu ihrer Wahrheit) verhelfen könnte.

Wir Menschen sind komplizierter gebaut als wir meist ahnen. Unsere Wünsche und Sehnsüchte gehen nicht in eine bestimmte Richtung, sondern einmal hierhin und einmal dorthin. „Auch ungeregelt wünscht ein jeder das Entgegengesetzte von sich selbst, um das Ganze zu haben", sagt Goethe. Die Polarität unseres Wesens bringt einen Spannungsbogen in unser Dasein, erst wenn wir beide Pole beachten, werden wir unserer Veranlagung gerecht.

Es verlangt uns nach Bewegung und Ruhe, wir wollen gestalterisch tätig sein und überlassen uns manchmal dem Strom des Getriebenwerdens. Unsere Sehnsucht geht nach klarer Erkenntnis und deutlicher Einsicht in Zusammenhänge, und dann tauchen wir in eine Welt der Gefühle. Wir brauchen das hellwache Bewußtsein des Tages und sind selig, wenn wir am Abend unser bewußtes Ich verlassen können und im Schlaf ein anderes unbewußtes Reich kennenlernen dürfen. Der Ernst und die gespannte Willenskraft sind in unserem beruflichen Wirken notwendig, aber das freie und nicht zweckhafte Spiel hat auch sein Recht. Und wer könnte sich auf eine rechte Selbstbegegnung einlassen ohne einen gehörigen Schuß Humor. „Der ist gewiß nicht von den Besten, der sich nicht selbst zum Besten halten kann", um es noch einmal mit Goethe zu verdeutlichen.

Die Gnosis ging noch weiter, sie empfand die Wirklichkeit so spannungsreich, daß erst das Zueinander der Gegensätze dem Ganzen Ausdruck geben kann.

„Ich bin das Wissen – und die Unwissenheit.
Ich bin die Scham – und die Offenheit.
ich bin schamlos – und ich bin beschämt.

Ich bin Stärke – und ich bin Furcht. (...)
Ich bin die, die überall gehaßt wurde – und die, die
    überall geliebt wurde.
Ich bin die, die man ‚das Leben‘ nennt – und doch habt
    ihr mich ‚der Tod‘ genannt. (...)
Ich bin die Vereinigung – und die Auflösung.
Ich bin das Bleiben – und ich bin das Lösen.
Ich bin das Gericht – und die Vergebung.“[57]

Wie geht es zu, daß ein Mensch sich seiner Wahrheit
nähert und ein paar Schritte hin zu seiner Mitte macht?
Eine doppelte Gefahr ist zu beachten: Einerseits vertei-
digen wir nur allzu oft eine Vorstellung von uns selbst,
die längst hohl und unglaubwürdig geworden ist, den
Popanz der eingebildeten Größe, den Traum von der
Grandiosität. – Andererseits ist es aber wichtig, daß
jeder um seine eigene Würde weiß, daß er ein Geheimnis birgt, auch wenn es ihm noch nicht bewußt geworden ist. Wir dürfen das „Ich“ nicht inthronisieren, als
wäre es ein herrscherlicher König, wir sollen das Ich
aber auch nicht verdammen, weil es eine Funktion hat,
der es gerecht werden muß, es steht für den mir bewuß-
ten Teil meiner Person. Weil ich aber eigentlich auf der
Suche bin nach dem, was noch verborgen in mir ruht
und erst Gestalt gewinnen soll, darf sich das Ich nicht
autoritär benehmen. Schon Novalis konnte das unge-
mein präzis ausdrücken: „Unser sogenanntes Ich ist
nicht unser wahres Ich, sondern nur sein Abglanz.“
Wovon aber ist es ein Abglanz?

In seinem großen Roman „Der Mann ohne Eigenschaf-
ten" spricht Robert Musil davon, im Menschen gebe es
einen „Feuerkern", den es zu bewahren gelte. Dieser
Feuerkern ist natürlich kein beobachtbares Organ des
Menschen, es scheint viel tiefer zu sitzen, aber es macht
sich bemerkbar. Wenn die Tiefenpsychologie darauf
hinweist, daß unser Bewußtsein nur die oberste Schicht
unseres seelischen Lebens darstellt und immerzu
gespeist wird aus größerer Tiefe, dann wird damit die
Behauptung aufgestellt, das wahre Zentrum des Menschen dürfe nicht in dem rational zugänglichen Bereich
der Psyche gesucht werden. C. G. Jung drückt es so aus:
„Unser Bewußtsein schafft sich nicht selber, sondern es
quillt auf aus unbekannter Tiefe. Es erwacht allmählich
im Kinde, und es erwacht jeden Morgen aus der Tiefe
des Schlafes aus einem unbewußten Zustande."[58]
Wenn wir das Ich als Mitte des Bewußtseins ansehen,
dann können wir das „Selbst" als verborgenes Zentrum
der ganzen Person annehmen, welches das Ich durch
seine Interventionen darauf hinweist, daß es nicht für
das „Ganze" steht. So kann das „Selbst" korrigieren, kon-
trastieren, zu einem Ausgleich drängen. Unterhalb der
ich-bezogenen Oberfläche scheint eine geheimnisvolle
Idee am Werk zu sein, die die Ganzheit und Vollstän-
digkeit repräsentiert.

Von diesem geheimnisvollen „Selbst" kann eigentlich
nur in einer Sprache gesprochen werden, die der religiösen Sprache nahekommt. Sehen wir den Menschen

als Geschöpf an, als ein Wesen, das einen Schöpfungs-
auftrag mitbekommen hat und sich erst dann selbst
verwirklicht, wenn es diesen „Ruf" vernimmt und ihm
gerecht wird, dann kommt alles darauf an, diesen
lebensweckenden Ruf zu erlauschen. In seinen Predigten kommt Meister Eckhart immer wieder auf dieses
wahre Zentrum zu sprechen, das er „Fünklein" nennt.
„Die Seele hat etwas in sich, ein Fünklein der Erkennt-
nisfähigkeit, das nimmer erlischt, und in dieses Fünklein als in das oberste Teil des Gemütes verlegt man das
‚Bild' der Seele."[59] Dieses Fünklein macht den Menschen empfänglich für den göttlichen Ruf. „Ich habe
eine Kraft in meiner Seele, die Gottes ganz und gar
empfänglich ist."[60] „Er empfindet diesen göttlichen
Funken als Licht, als einen Strahl und ein eingeprägtes
Bild göttlicher Natur."[61]

Diesem Mittebereich kann man sich nur meditierend
annähern, er wird nicht als verfügbarer Besitz angesehen, sondern als Geschenk und Gabe, vor allem als
Auftrag, auch als tröstliche Verheißung. Simone Weil
hat ein besonders schönes Bild dafür gefunden: „Der
‚Hauch in der Mitte', der sich niemals erschöpft, das ist
Gott in uns."[62] Auf der einen Seite ist dieser Kernbereich
der Ort göttlicher Einwohnung (so versteht Teresa von
Avila das Seelenzentrum), andererseits dürfen wir ihn
als unverwechselbare Besonderheit unseres Wesens
begreifen, als die konkrete Veranlagung, die Ausgangs-
position unserer Wirksamkeit, als Rückzugsort und

Besinnungsbereich in Zeiten der Verunsicherung und der Regeneration. Bei aller Unruhe in unserem Leben, bei allen Wandlungsprozessen, erfahren wir einen „ruhigen Punkt", eine verläßliche Grundschicht.

Die Suche nach der Mitte ist kein isoliertes Tun eines einzelnen Menschen, wir brauchen die Hilfestellung des anderen, wir können uns gegenseitig bei dieser Suche beistehen. „Das Leben war ihnen ein Rätsel, dessen Auflösung sie nur miteinander fanden", heißt es in Goethes „Wahlverwandtschaften". Wenn sich ein Mensch nur in der Begegnung entfalten kann und sich im Spiegel seines Gegenübers erfährt, dann müssen wir annehmen, daß wir auf den anderen Menschen als „Geburtshelfer" seiner wahren Person angewiesen sind, wenn wir nicht hinter unseren wahren Möglichkeiten zurückbleiben sollen.

Es war Martin Buber, der dieses dialogische Grundgesetz besonders eindringlich formuliert hat: „Das innerste Wachstum des Selbst vollzieht sich nicht aus dem Verhältnis des Menschen zu sich selbst, sondern aus dem zwischen dem Einen und dem Andern, unter Menschen also vornehmlich aus der Gegenseitigkeit der Vergegenwärtigung. (...) Der Mensch schaut heimlich und scheu nach einem Ja des Seindürfens aus, das ihm nur von menschlicher Person zu menschlicher Person werden kann; einander reichen die Menschen das Himmelsbrot des Selbstseins."[63] So überzeugend diese

Maxime erscheint, im konkreten Fall ist die gegenseitige Wahrnehmung und Hilfestellung schwierig. Nicht nur in der Selbsteinschätzung fallen wir auf irrige Vorstellungen herein, auch in der Wahrnehmung des anderen Menschen mögen sich illusionäre Erwartungen und wunschbedingte Idealisierungen einschleichen. Es ist meist ein langer Prozeß, bis ein Mensch einen anderen zu verstehen lernt. Und dennoch gilt das Wort Bubers: „Eines Menschen innewerden heißt also im besonderen seine Ganzheit als vom Geist bestimmte Person wahrnehmen, die dynamische Mitte wahrnehmen, die all seiner Äußerung, Handlung und Haltung das erfaßbare Zeichen der Einzigkeit aufprägt."[64] Das Stichwort von der „dynamischen Mitte" erweist sich als besonders fruchtbar: Der Kernbereich der menschlichen Person läßt sich nicht ein für allemal kennzeichnen, er gibt sich vielleicht immer wieder neu zu erkennen, muß im jeweiligen Moment beobachtet werden. Erst im lebendigen Austausch und im Miteinander des täglichen Umgangs kann sich dieses Selbst artikulieren, es muß herausgelockt werden, damit es seine Funktion erfüllen kann. Wenn ein Mensch den anderen nur als Spiegel benutzt, um sich zu bestätigen, kommt es zu keiner wirklichen Begegnung. Martin Buber spricht in einem solchen Fall von einem „flügellahmen Eros", weil er über die Spiegelungen nicht hinausgelangt. „Wo aber der geflügelte waltet, wird nicht gespiegelt: Da meine ich, der Liebende, den Geliebten, in seiner Anderheit, in seiner Selbständigkeit und Selbstwirklichkeit."[65]

Das Bild vom Ariadnefaden läßt sich als Metapher der gegenseitigen Verbundenheit der Menschen verstehen. Der Einzelne kann seinen Weg nicht abgesondert finden, er ist mit anderen verflochten und muß bei seinem Weg in vielen Fällen abgesichert sein. Bis ein Alleingang möglich wird, bedarf jeder auf lange Zeit eines sichernden Geleits.

Es gehört zu den glücklichsten Augenblicken in unserem Leben, wenn wir auf einen Menschen treffen, von dem wir den Eindruck bekommen, er kenne uns besser als wir selbst: Er sieht nämlich das, was noch nicht ans Tageslicht gedrungen ist, aber allmählich „geboren" werden soll. Die Liebe ist der wahre Geburtshelfer für unser wahres Wesen. In ihrem Hörspiel „Der gute Gott von Manhattan" erzählt Ingeborg Bachmann von einer Begegnung zweier Menschen, und sie läßt den Mann sagen: „Ich möchte jetzt eine Karte haben, die mich dir erklärt: alle meine Wüsten, sandfarben darauf, und weiß die Tundren, und eine noch unbetretene Zone. Aber auch eine neue grüne Zeichnung ist da, die besagt, daß der Kältesee in meinem Herzen zum Abfließen kommt... Und ich möchte ein Buch haben, aus dem ich erfahre, was in dir vorkommt, Klima, Vegetation und Fauna, die Erreger deiner Krankheiten und ihre stummen verbissenen Gegner in deinem Blut, und die Lebewesen, die allerkleinsten, die ich mir herüberhole mit meinen Küssen..."[66] Zwei Menschen „erkennen" einander, und plötzlich wird ihnen auch ihre eigene Wirklichkeit durchscheinend. Das Dunkel wird hell erleuchtet, ein neuer Zugang zu verschlossenen Bereichen ist erschlossen.

Allerdings kann uns der Eros auch narren und in einen Irrgarten der Gefühlsverwirrung locken, so daß wir schließlich gar nicht mehr wissen, wo wir uns befinden und ob wir auch einen Ausgang entdecken können. Unnachahmlich hat Heinrich Heine diese Verkettung der Schicksale eingefangen:

„Ein Jüngling liebt ein Mädchen.
Die hat einen andern erwählt;
Der andre liebt eine andre
Und hat sich mit dieser vermählt.

Das Mädchen heiratet aus Ärger
Den ersten besten Mann,
Der ihr in den Weg gelaufen;
Der Jüngling ist übel dran.

Es ist eine alte Geschichte,
Doch bleibt sie immer neu;
Und wem sie just passieret,
Dem bricht das Herz entzwei."[67]

Die härteste Erfahrung, die wir im Laufe unseres Lebens machen müssen und um die wir uns nicht herumdrücken können, ist die Einsicht, daß wir sterbliche

Wesen sind, daß unser Weg auf den Tod zuläuft. Diese Erkenntnis kann einen solchen Schrecken auslösen, daß man jeden Gedanken an den Tod strikt meidet und die Wirklichkeit des Sterbens tabuisiert. – Umgekehrt ist es ein bedeutsamer Reifungsschritt, wenn sich ein Mensch diesem Gedanken stellt und ihn als Element seines Daseins akzeptiert. C. G. Jung hat darauf aufmerksam gemacht, wie wichtig diese innere Einstellung ist. „Die Geburt des Menschen ist bedeutungsschwanger; warum nicht der Tod? Der junge Mensch wird zwanzig und mehr Jahre auf die völlige Entfaltung seiner Einzelexistenz vorbereitet, warum soll er sich nicht zwanzig und mehr Jahre auf sein Ende vorbereiten?"[68]

In „Dornröschen unserer Tage" schildert Marie Luise Kaschnitz[69], wie der Mensch sich mit seinem Tod auseinandersetzt:

15. Februar
„Das Dornröschen unserer Tage ist über siebzig Jahre alt und ein Mann. Statt hinter einer Rosenhecke ruht er in einem Eisblock und zwar durchaus freiwilligerweise, ein krebskranker Professor, der sich wenige Minuten vor seinem klinischen Tod hat einfrieren lassen, um in diesem Zustand den Kuß des Bräutigams Leben zu erwarten. Man kann sich vorstellen, wie die Kollegen, um sein Bett versammelt, von ihm Abschied genommen haben, wie der beinahe-Tote ihnen noch zuge-

lächelt hat. Daß er gerade diese Kollegen und Freunde bei seinem Erwachen wiedersehen würde, war allerdings nicht gewiß. Die dem Eisblock beigegebene Vorschrift nannte als Termin des Auftauens einen höchst unbestimmten Tag. Es mußte inzwischen etwas geschehen, nämlich ein wirksames Mittel gegen die Krebskrankheit des Professors gefunden worden sein. Daß man dieses Mittel noch zu Lebzeiten der Anwesenden entdecken würde, war mehr als zweifelhaft. Der lebendige Tote konnte also, ähnlich manchen Sagengestalten, in eine Welt zurückkehren, mit der er nicht das Geringste mehr zu tun hätte und in der er nichts anderes bedeuten würde als ein medizinisches Experiment. Seine Krankheit würde geheilt, nicht seine Einsamkeit, sein Leiden unter dem Ekel und dem Mißtrauen, das seine Erwecker dem Auferstandenen wahrscheinlich entgegenbrächten. Die Presse würde ihn ausfragen, und es könnte sein, daß er nichts mehr zu erzählen wüßte oder daß seine Art und Weise, sich auszudrücken, wie eine fremde Sprache klänge. Der Tod wäre möglicherweise indessen schon ein historisches Phänomen geworden und mit Trauer und Sehnsucht würde er, im Kreise der Unsterblichen, sich daran erinnern, was für eine große Rolle früher das Sterben gespielt und wie es das Leben erst eigentlich beflügelt hatte. Richten Sie sich, sagte ich heute, nur halb im Scherz, zu einer jungen Frau, darauf ein, ewig zu leben. Sie begriff sofort, daß ich darauf anspielte, daß, wenn sie einmal alt sein würde, jede Krankheit geheilt und der natürliche (für uns noch natürliche) Abbauprozeß ad infinitum aufgehalten werden könne. Aber sie wurde bei diesem Gedanken so blaß, als hätte ich gerade das Gegenteil, nämlich ein Todesurteil über sie gefällt. Das wäre entsetzlich, sagte sie, und selbst meine Versicherung, daß sie dann nicht in einer Gesellschaft von schwachsinnigen Versorgungshäuslern, sondern unter körperlich und geistig regen Menschen, und selbst körperlich und geistig rege, leben würde, tröstete sie nicht. Ein Sechzigjähriger, mit dem ich am nächsten Tag ebenfalls über die erhöhte, vielleicht unbegrenzte Lebenserwartung unserer Enkel sprach, reagierte auf ganz andere Weise. Der Mensch, sagte er, ist dazu geschaffen, unsterblich zu sein. Es ist nichts als ein Irrtum, daß er, mit all seinen Gedanken, Erkenntnissen und Gefühlen, am Ende wie eine Katze verrecken muß. Um diesen ungeheuren Irrtum zu korrigieren, erfindet er sich die Auferstehung des Fleisches, das ewige Leben. Denn das gerade will er, vielleicht nicht in der Jugend, aber später, wenn er die Möglichkeiten seines Körpers und seines Geistes erkannt hat, ewig, ewig leben."

Warum hat die innere Anerkenntnis des Sterbenmüssens eine so bedeutsame Funktion in unserem Leben? Wir sind „transitorische Wesen", stehen ununterbrochen in Wandlungsprozessen, deshalb dürfen wir die einmal gefundene Form nicht festhalten, sondern müssen uns fortwährend loslassen. Die Mystiker aller Jahrhunderte haben es immer wieder gesagt – und vorgelebt. Bei Meister Eckhart heißt es: „Du mußt wissen, daß sich noch nie ein Mensch in diesem Leben so weitgehend gelassen hat, daß er nicht gefunden hätte, er müsse sich noch mehr lassen."[70] Diese Einübung ins Loslassen ist also nicht ein einmaliger Akt, sondern von uns ständig neu gefordert. Da wir dauernd neu ansammeln und befestigen, muß auch das Loslösen und Freigeben auf vielfache Weise vor sich gehen. Johannes Tauler legt uns nahe, wir sollen „ein freies, lediges, erhabenes Gemüt haben, das durch nichts gebunden ist ..., in Bereitschaft, alle Dinge zu lassen."[71] Dabei geht es nicht nur um materielle Dinge, um Besitz und irdische Güter, es geht auch um unsere Person, wie wir sie erfahren. Der Gedanke an „Opfer" ist uns heute meist fremd, aber es scheint einen Lebensvollzug in unserem Dasein zu geben, der nur in diesem Zusammenhang gesehen werden kann. Im Festhalten kann das Dasein nicht gelingen, erst in der Hingabe kommt eine gültige Gestalt zum Vorschein. C. G. Jung hat es so ausgedrückt: „Wir gewinnen aus dem Selbstopfer uns Selbst, das Selbst; denn nur was wir geben, das haben wir."[72] Es ist sicher ein Gedanke, der schon im Evangelium anklingt: „Wer sein Leben gewinnen will, wird es verlieren" (Mt 10, 39).

Nun haben die großen religiösen Traditionen den Tod immer als einen Wandlungsprozeß angesehen und gedeutet. Wer in die Mitte des Labyrinths gelangt ist, trifft dort tatsächlich den Tod, aber einen, der beendigt und neu beginnen läßt, einen Wächter vor dem Tor zu neuen Bereichen. – Schon im Ägyptischen Totenbuch wird dieser Vorgang so verstanden:

„Sieh nun, ich komme zum Land meines Ursprungs
und gelang an den Ort, wo ich von nun an ewig weilen
werde...
Ungetrübt kann ich jetzt die Wege und Bahnen des Jenseits betreten.
Nun komm ich zu den am Horizonte liegenden Län-
dern
und überschreite die heilige Grenze...“[73]

In diese Vorgänge einer Verwandlung mußte man „eingeweiht" werden, in feierlichen Initiationsritualen wurden dem Mysten die Geheimnisse von Tod und Auferstehung, von Untergang und Aufstieg enthüllt. Von Apuleius haben wir wenigstens Andeutungen, was diese Mysterien für einen Sinn und für eine Form hatten. Er berichtet: „Die Weihenerteilung selbst begehe man unter dem Bild eines freiwilligen Todes und einer Erlösung aus Gnade. Denn wenn nach vollbrachter Lebenszeit das Dasein ein Ende habe und man unmittelbar auf seiner Schwelle stehe, pflege die Göttin (Isis) die zu berufen, denen etwa die großen Glaubensgeheimnisse sicher anvertraut werden könnten, und pflege die durch ihre Obhut gleichsam Wiedergeborenen nochmals in einen neuen Lebenslauf einzusetzen." Apuleius betont zwar, daß er keine Einzelheiten über

die Riten verraten dürfe, aber einiges berichtet er trotzdem: „Ich nahte dem Grenzbezirk des Todes, stieg über
Proserpinas Schwelle und fuhr durch alle Elemente
zurück; um Mitternacht sah ich die Sonne in weißem
Licht flimmern, trat zu Totengöttern und Himmelsgöt-
tern von Angesicht zu Angesicht und betete sie ganz
aus der Nähe an."[74]

In der Gnosis wird der Abstieg als Absturz in die Materie verstanden, der einen unheilvollen Charakter hat,
weil dadurch der „lichte Geist" sich durch die Verleib-
lichung beschmutzt hat. Erlösung bedeutet deshalb
die Errettung aus der Materie. In der Valentinischen
Gnosis wird erzählt, daß Sophia, die göttliche Weisheit, ins Dunkel abgesunken ist. „Und sie litt Trauer,
daß sie das Licht nicht erfassen konnte, und sie litt
die Furcht, wie das Licht könne sie auch das Leben
verlassen, und sie litt den Zweifel, da sie von nichts
etwas wußte."[75] Aus diesem Abgrund muß sie wieder
erlöst werden.
Auch der christliche Glaube hat in seiner spätantiken
Gestalt noch viele Elemente der Mysterienreligionen
übernommen, wenn sie auch eine neue Deutung
erfuhren. Während der Neuplatonismus noch eine ausgesprochen leib- und materiefeindliche Position vertrat,
wurde im Christentum die sichtbare Schöpfung als
gottgeschenkte Wirklichkeit bejaht. Plotin, der Wort-
führer des Neuplatonismus, konnte sagen: „Man muß
alles andere ablegen, um sich auf Gott allein zu richten

und sich mit ihm allein zu vereinigen, wenn man alle irdischen Hüllen abgestreift hat. Wir müssen uns darum beeilen, aus dieser Welt hinauszugelangen, wir müssen Trauer empfinden über unsere Fesseln und müssen mit unserem ganzen Wesen Gott umfassen, damit wir keinen Teil mehr in uns haben, mit dem wir nicht an Gott hangen."[76]

Mit dem Glauben an die leibliche Auferstehung Christi wurde zwar grundsätzlich eine positivere Sicht auf die irdische Welt eröffnet, aber gnostische und neuplatonische Einflüsse blieben doch spürbar. In der Taufe wird dem Neubekehrten das Licht geschenkt, das ihm hilft, auch in einer verdüsterten Welt seinen Weg zu finden. Ein Gefühl der Freude und des Jubels ist jetzt bestimmend. In einem Hymnus von Clemens von Alexandrien heißt es:

„O wahrhaft heilige Mysterien, o lauteres Licht!
Bei Fackelschein werde ich hingeführt,
die Himmel und Gott zu beschauen;
heilig werde ich durch die Weihe.
Hierophant ist der Herr;
Er führt den Mysten zum Lichte
und gibt ihm das Siegel;
Er stellt dem Vater den Gläubigen vor,
damit er für die Ewigkeit bewahrt werde.
Das ist das Toben meiner Mysterien.
Wenn du willst, laß auch du dich einweihen:

Dann wirst du mit den Engeln den Reigen schließen
um den ungewordenen, unvergänglichen und wahr-
    haft einzigen Gott,
Mitsänger aber wird uns sein
der göttliche Logos."[77]

Vor allem die Feier der Osternacht wurde als Gang
durch das Labyrinth empfunden, in ihr mußte der
Todesweg Jesu mitgegangen werden, der sich dann als
Weg zum Licht und zum neuen Leben erweist.

Wir müssen die Frage des Anfangs noch einmal auf-
greifen: Wie kommt der Mensch in seine Mitte? Das
Nachdenken und die direkte Bemühung helfen uns
nicht viel. C. G. Jung vermittelt uns einen aufschlußrei-
chen Hinweis: „Wenn der rationale Weg zur Sackgasse
geworden ist – was er nach einiger Zeit immer zu werden pflegt –, dann kommt die Lösung von der Seite,
von der man sie nicht erwartet."[78]
Vielleicht soll man seine eigene Mitte gar nicht suchen,
ihr also detektivisch nachspüren. Besser ist es, dann auf
sie zu achten, wenn sie sich „zu Wort" meldet, wenn sie
ihre Signale sendet. Oft genug wird uns auch ein Anruf
von außen erreichen und eine Saite in meinem Innern
zum Klingen bringen. In jeder Begegnung mit einem
Menschen kann ich eine bisher unbekannte Schicht
meiner Person kennenlernen. Manches Gespräch bleibt
an der Peripherie, aber manchmal werde ich tiefer
getroffen, und es gibt sicher in jedem Menschenleben

Augenblicke, da fühle ich mich in der innersten Mitte erreicht. Rainer Maria Rilke legt seinem „Malte" die Worte in den Mund: „Ich habe ein Inneres, von dem ich nichts wußte. Alles geht jetzt dorthin. Ich weiß nicht, was dort geschieht."[79] Diese Sensibilität gilt es also zu entwickeln. Die Mitte darf nicht eingekapselt bleiben, sie muß sich öffnen, damit sie in Beziehung treten kann zum „außen". Rilke hat in einem Gedicht diese Wechselwirkung von „außen" und „innen" so ausgesprochen:

„Mitte aller Mitten, Kern der Kerne,
Mandel, die sich einschließt und versüßt, –
dieses Alles bis an alle Sterne
ist dein Fruchtfleisch: Sei gegrüßt."[80]

Es ist zwar gut, daß sich die Mitte – auf Zeit – verschließt und ihre Süße versammelt. Woraus aber gewinnt sie ihre Süße? Sie ist auf ein Fruchtfleisch angewiesen, das ihr die Kräfte und Ingredienzen zusendet. Und siehe da, der ganze Kosmos ist daran beteiligt, das All trägt das Seine dazu bei, daß sich der Kern der Kerne verdichtet. So hat auch jeder Einzelne eine Wesensmitte, einen Feuerkern, einen Hauch in der Mitte, den es zu hüten gilt. Aber diese Zone muß auch genährt werden, damit sie nicht austrocknet und fruchtlos bleibt. Auf dem labyrinthischen Weg in diesen Bereich dürfen wir nicht in den Außenzonen steckenbleiben, sondern müssen beharrlich weitergehen.

Es gibt Menschen, die von einer solchen Unruhe getrieben und so stark in einem Aktionismus befangen sind, daß wir ihnen raten möchten: Nehmt doch Verbindung zu eurem „inneren Jenseits" auf, horcht einmal nach innen, damit ihr merkt: Es gibt auch Schätze in der Kammer eurer Seele zu entdecken. – Aber wir können auch Menschen begegnen, die so introvertiert sind, daß sie gar keine Wahrnehmungsfähigkeit nach draußen haben, dabei bleiben aber die Schatzkammern in ihrer Tiefe ungehoben. In den Notizbüchern Simone Weils findet sich einmal der kurze Eintrag: „Jeder Mensch: Geist in der Flasche."[81]

Das dürfte keine erfreuliche Existenz sein, wenn sich dieser eingesperrte Geist nicht entfalten kann. An anderer Stelle heißt es bei Simone Weil: „Jedes menschliche Wesen als Gefängnis wahrnehmen, in dem ein Gefangener wohnt, mit dem ganzen Universum um sich herum."[82]

Wenn sich ein Einzelner in einem gefängnishaften Labyrinth vorfindet, dann hat er nur ein Bedürfnis: den Ausweg finden, den Rückweg antreten.

Theseus ist nicht ins Labyrinth hineingestiegen, um sich heimisch niederzulassen; er hatte dort einen Kampf zu bestehen, dann ist ihm – dank des Liebesfadens der Ariadne – der Rückweg gelungen. Auch für uns gilt: Es ist zuzeiten nötig, in die Stille zu gehen, das Dunkel auszuhalten, eine meditative Einkehr zu pflegen. Und dann wird auch wieder verlangt, den Alltag zu bestehen, die Hände zu rühren. – Gerade bei den Meistern des mystischen Lebens finden wir so viele Beispiele, die uns davor warnen, bei einer gefühlsseligen Innerlichkeit zu verharren. Meister Eckhart warnt davor, „mehr um des wohligen Gefühls als um des geistigen Gewinns" dazusitzen und zu lauschen, weil die Gefahr besteht, „in diesem Wohlgefühl steckenzubleiben".[83] Und Johannes Tauler fordert uns in einer Predigt auf: „„Stehe auf': Du sollst nimmer liegen, du sollst alle Gefangenschaft überwinden und entbunden und frei sein und in Freiheit wandeln, und du sollst dein Bett tragen, das heißt: was vormals dich trug, das sollst du nun aufheben und gewaltig und mächtig tragen."[84]

Dem Gang nach innen korrespondiert die Fahrt nach außen, der Entdeckung des Dunkels muß die Wiederentdeckung des Lichts folgen, der Schweigephase entspricht die Stunde, in der gesprochen wird. Wir sind noch nicht am Ende angelangt: Es steht noch etwas aus.

„(...) Die Fahrt ist zu Ende,
doch ich bin mit nichts zu Ende gekommen,
jeder Ort hat ein Stück von meinem Lieben genommen,
jedes Licht hat mir ein Aug verbrannt,
in jedem Schatten zerriß mein Gewand.
Die Fahrt ist zu Ende.
Noch bin ich mit jeder Ferne verkettet,
doch kein Vogel hat mich über die Grenze gerettet,

kein Wasser, das in die Mündung zieht,
treibt mein Gesicht, das nach unten sieht,
treibt meinen Schlaf, der nicht wandern will ...
Ich weiß die Welt näher und still. (...)

Hinter der Welt wird ein Baum stehen,
eine Frucht in den Wipfeln,
mit einer Schale aus Gold.
Laß uns hinübersehen,
wenn sie im Herbst der Zeit
in Gottes Hände rollt!"

Ingeborg Bachmann[85]

Anmerkungen

[1] Aus: Labyrinthe, München – London – New York ³1995, S. 13f.

[2] Aus: Labyrinth-Studien, in: Humanistische Seelenforschung, Stuttgart 1994, S. 179ff.

[3] Aus: Naturgeschichte, übersetzt von Christian Friedrich Lebrecht Strack, Bd. III, Bremen 1855, S. 502f.

[4] Aus: Götterlehre oder Mythologische Dichtungen der Alten, 1791 geschrieben, Frankfurt/Main 1979, S. 204f.

[5] Ebd., S. 212f.

[6] Aus: Im Vaterland der Mythen. Griechisches Tagebuch, herausgegeben und aus dem Polnischen übersetzt von Karl Dedecius, Frankfurt/Main 1970, S. 139f.

[7] Aus: Mythos und Welt, Darmstadt 1962, S. 217.

[8] Aus: Der Hund in der Sonne, Frankfurt/Main 1990, S. 26f.

[9] Aus: Ewige Bilder und Sinnbilder. Über die magisch-religiöse Symbolik, Frankfurt/Main 1986, S. 57ff.

[10] Aus: Kunstform und Yoga im indischen Kultbild, herausgegeben von Friedrich Wilhelm, Frankfurt/Main 1987, S. 139–146.

[11] Sämtliche Werke I, Heidelberg o.J., S. 514.

[12] Aus: Werner Batschelet-Massini, Labyrinthzeichnungen in Handschriften, in: Codices manuscripti IV, Heft 2, 1978.

[13] Aus: Christliche Bildmeditation, München 1975, S. 191f.

[14] Aus: Kalevala. Das finnische Epos des Elias Lönnrot, aus dem Finnischen übertragen von Lore und Hans Fromm, München 1967, S. 108f.

[15] Aus: Felix Karlinger/Geraldo de Freitas, Brasilianische Märchen, Düsseldorf 1972, Nr. 59.

[16] Freie Nacherzählung des Märchens. Quelle: Die Reise ins Schattenreich, in: Nordamerikanische Indianermärchen, herausgegeben von Gustav A. Konitzky, Düsseldorf 1963, S. 248–254.

[17] Aus: Geschichten am Sabbat, aus dem Jiddischen übertragen von Alexander Eliasberg, in: Erzählungen aus dem Ghetto, München 1951.

[18] 1605–1659, Poesielehrer, Dichter.

[19] 1530–1592, Schüler Melanchthons, Hofprediger in Leipzig.

[20] 1609–1640, Mediziner, Gesandter, Dichter.

[21] Das achte Sonett, aus: Die Vierundzwanzig Sonette der Louize Labé: Lyoneserin 1555. Übertragen von Rainer Maria Rilke, Frankfurt/Main 1963.

[22] Aus: Pascals „Pensées" (Gedanken), herausgegeben von M. Laros, Kempten/München 1913, S. 83, Nr. 199.

[23] Aus: Der Archipelagus, Verse 241–270.

[24] 1819–1889, aus: Jérôme Decroos, Niederländischer Psalter. Geistliche Dichtung aus sieben Jahrhunderten, Freiburg 1948.

[25] Aus: Die Blumen des Bösen, in deutsche Verse übertragen von Graf Wolf von Kalckreuth, Leipzig 1907, S. 144.

[26] Ebd., S. 154.

[27] Aus: Gesammelte Werke I, Gedichte – Dramen, Frankfurt/Main 1979, S. 23.

[28] Aus: Die Blumen des Bösen, a.a.O., S. 86.

[29] Aus: Das Stundenbuch. – Von der Armut und vom Tode, in: Die Gedichte, Frankfurt/Main 1986, S. 291f.

[30] Aus: Georg Trakl, Gedichte, herausgegeben von Hans Szklenar, Frankfurt/Main 1964, S. 121.

[31] Aus: Franz Kafka, Tagebücher 1910–1923, herausgegeben von Max Brod, 1967, S. 226f.

[32] Aus: Eugène Ionesco, Tagebuch, in: Werke V, München 1985, S. 133 und S. 150.

[33] Aus dem Tagebuch, München – Wien 1988.

[34] Aus: Das Lied vom ermordeten jüdischen Volk, in: Der Fiedler vom Getto. Jiddische Gedichte aus Polen, aus dem Jiddischen übertragen von Hubert Witt, Leipzig 1993, S. 48.

[35] Aus: Der Fiedler vom Getto. Jiddische Gedichte aus Polen, aus dem Jiddischen übertragen von Hubert Witt, Leipzig 1993, S. 246ff.

[36] Aus: Von Hopkins bis Dylan Thomas. Englische Gedichte und deutsche Prosaübertragungen, herausgegeben und übertragen von Ursula Clemen und Christian Enzensberger, Frankfurt/Main 1961, S. 70ff.

[37] Aus: Gedichte, aus dem Polnischen übertragen von Karl Dedecius, Frankfurt/Main 1964, S. 68f.

[38] Aufzeichnungen nach einem Selbstversuch mit Psilocybin, dem Wirkstoff des mexikanischen Zauberpilzes Teonanacatl, aus: Vom Rausch im Orient und Okzident, Stuttgart 1966.

[39] Auf der Mântuleasa-Straße, Frankfurt/Main 1972, S. 143.

[40] Aus: Der Mythos von Sisyphos. Ein Versuch über das Absurde, Reinbek 1999.

[41] Aus: Von Hopkins bis Dylan Thomas, herausgegeben und aus dem Englischen übertragen von Ursula Clemen und Christian Enzensberger, Frankfurt 1961, S. 60ff.

[42] Aus: Elias Canetti, Band 4: Aufzeichnungen 1942–1985, München –Wien 1993. Zitiert wird aus der Ausgabe: Die Provinz der Menschen. Aufzeichnungen 1942–1972, München 1973, S. 80.

[43] Ebd., S. 133f.

[44] Ebd., S. 288.

[45] Ebd., S. 49.

[46] Aus: Leben wär' eine prima Alternative. Tagebuchaufzeichnungen und Briefe, München 1994.

[47] Aus: Stiller, Frankfurt/Main 1954. Der Text ist dem Staatsanwalt in den Mund gelegt.

[48] Aus: Tagebuch 1946–1949, Frankfurt/Main 1950, S. 33f.

[49] Aus: Die Lerchenschule, Frankfurt/Main 1964, S. 178.

[50] Aus: Aufstand der Dinge. Byzantinische Aufzeichnungen, Frankfurt/Main 1973, S. 244ff.

[51] Aus: Figur und Schatten. Gedichte, Zürich 1958, S. 117ff.

[52] Aus: Simone Weil, Vorchristliche Schau, München 1959, S. 12ff.

[53] Aus: Der Wendekreis des Lammes. Ein Hymnus der Erlösung, in: Gedichte, Frankfurt/Main 1981, S. 45ff.

[54] Aus: Der Laubmann und die Rose, in: Gedichte, Frankfurt/Main 1981, S. 132f.

[55] Aus: Überallnie. Ausgewählte Gedichte 1928–1965, Hamburg 1965.

[56] Meister Eckhart, Deutsche Predigten und Traktate, herausgegeben und übersetzt von Josef Quint, München 1963, S. 56.

[57] „Der Donner. Der vollkommene Verstand", vgl. Kurt Rudolph, Die Gnosis, Göttingen 1980, S. 91f.

[58] C. G. Jung, Mensch und Seele, herausgegeben von Jolande Jacobi, Olten 1971, S. 46.

[59] Meister Eckhart, a.a.O., S. 318.

[60] Ebd., S. 323.

[61] Ebd., S. 392.

[62] Simone Weil, Cahiers. Aufzeichnungen 3, München 1996, S. 125.

[63] Martin Buber, Urdistanz und Beziehung, in: Werke I, München 1962, S. 423.

[64] Ders., Elemente des Zwischenmenschlichen, in: Werke I, S. 278.

[65] Ders., Zwiesprache, in: Werke I, S. 203.

[66] Ingeborg Bachmann, Der gute Gott von Manhattan. Die Zikaden. Zwei Hörspiele, München 1963, S. 64f.

[67] Heinrich Heine, Gedichte, Zürich 1977, S. 39.

[68] C. G. Jung, a.a.O., S. 344.

[69] Aus: Tage, Tage, Jahre. Aufzeichnungen, Frankfurt/Main 1968.

[70] Meister Eckhart, a.a.O., S. 57.

[71] Deutsche Mystik. Aus den Schriften von Heinrich Seuse und Johannes Tauler, ausgewählt von Winfried Zeller, Düsseldorf 1967, S. 170.

[72] C. G. Jung, a.a.O., S. 363.

[73] Zitiert nach: Michael Frensch, Lust an der Erkenntnis. Esoterik von der Antike bis zur Gegenwart, München 1991, S. 27.

[74] Apuleius von Madaura, Der goldene Esel, München 1980, S. 485f.

[75] Gnosis des Valentinus, in: Dokumente der Gnosis, herausgegeben von Wolfgang Schultz, München 1986.

[76] Plotin, Enneaden, übertragen von Otto Kiefer, Jena 1905, S. 129.

[77] Zitiert nach Michael Frensch, a.a.O., S. 195.

[78] C. G. Jung, a.a.O., S. 340.

[79] Rainer Maria Rilke, Die Aufzeichnungen des Malte Laurids Brigge, in: Sämtliche Werke XI, Frankfurt/Main 1975, S. 710f.

[80] Rainer Maria Rilke, Die Gedichte, Frankfurt/Main 1986, S. 588 („Buddha in der Glorie").

[81] Simone Weil, Cahiers I, S. 214.

[82] Ebd., S. 192.

[83] Meister Eckhart, a.a.O., S. 281f.

[84] Johannes Tauler, a.a.O., S. 173.

[85] Aus: Die Welt ist weit, in: Werke I, München 1978, S. 22f.

Quellenhinweise

Für die freundliche Abdruckgenehmigung danken wir den nachstehend genannten Verlagen, Autoren und Rechtsnachfolgern:

Ingeborg Bachmann: Die Welt ist weit, in: Werke Bd. 1, © 1978 by Piper Verlag GmbH, München

Werner Batschelet-Massini: Labyrinthzeichnungen in Handschriften, in: Codices manuscripti IV, Heft 2, 1978

Werner Bergengruen: Die Nachtgeräusche, aus: Figur und Schatten. Gedichte, Zürich 1958 (vergriffen), Nachdruck mit Genehmigung von Dr. Luise Hackelsberger, Ebenhausen bei München

Albert Camus: Einsicht in die Absurdität der Existenz, aus: Der Mythos von Sisyphos. Ein Versuch über das Absurde, deutsche Übersetzung von Vincent v. Wroblinsky, © 1999 by Rowohlt Verlag GmbH, Reinbek

Elias Canetti: Den Weg durch das Labyrinth der eigenen Zeit finden, aus: Bd. 4: Aufzeichnungen 1942–1985, © 1993 by Carl Hanser Verlag, München – Wien

Mircea Eliade: Ewige Bilder und Sinnbilder. Über die magisch-religiöse Symbolik, © 1986 by Insel Verlag, Frankfurt/Main

Mircea Eliade: Der Weg zurück, aus: Auf der Mântuleasa-Straße, © 1972 by Suhrkamp Verlag, Frankfurt/Main

Max Frisch: Kann man sich selber annehmen? aus: Stiller, © 1954 by Suhrkamp Verlag, Frankfurt/Main

Max Frisch: Legen wir den Anderen auf unser Bild von ihm fest? aus: Tagebuch 1946–1949, © 1950 by Suhrkamp Verlag, Frankfurt/Main

᠌᠌

Kostbarkeiten des Lesens –
die exquisite Edition Herder

Alle Bände durchgehend vierfarbig illustriert und liebevoll ausge-
stattet mit Initialen, Vignetten, Schmuckleiste, Kolumnentitel und
Fadenheftung

„Kurzweilig wie informativ"
(Badische Neueste Nachrichten)

„Ausgewählte Themen, vorzügliche Gestaltung,
stimmige Abbildungen, handliches Format – ‚Buch-
Kunst', wie sie erfreulicherweise noch gepflegt wird"
(ÖASG-Journal)

„Wunderschöne Lektüre, trefflich illustriert"
(Bayerische Staatszeitung)

„Einer jener seltenen Glücksfälle, wo sich Erschei-
nungsbild und Inhalt wirklich wunderbar ergänzen"
(Salzburger Bibliotheksnachrichten)

„Ein garantiertes Lesevergnügen"
(RAI)

BERTUS AAFJES: Der Diebstahl im Teehaus
Die Fälle des weisen Richters Ooka
Mit Farbholzschnitten von Utagawa Hiroshige
160 Seiten mit 27 Farbabbildungen
ISBN 3-451-23451-3

LOUIS ARMSTRONG U.A.: Jazz
Geschichten mit Bildern von Henri Matisse
120 Seiten mit 7 Farbabbildungen (teilweise doppelseitig)
ISBN 3-451-26699-7

189

FABIAN BERGMANN: Der Traum des Kalifen
Arabische Erzählungen mit Bildern von August Macke
120 Seiten mit 14 Farbabbildungen
ISBN 3-451-26462-5

GAUTAMA BUDDHA: Das Hohe Lied der Wahrheit
Dhammapada
160 Seiten mit 38 Farbabbildungen indischer Miniaturen
ISBN 3-451-22672-3

ANDREAS GRUSCHKE: Das Leben Buddhas
Mit Bildern tibetischer Wandmalereien
120 Seiten mit 26 Farbabbildungen
ISBN 3-451-26934-1

GERTRAUD MEINEL: Himmlische Gärten
Von Paradiesgärten und Gartenparadiesen
120 Seiten mit 29 Farbabbildungen
ISBN 3-451-23986-8

GERTRAUD MEINEL: Magischer Mond
Mythos, Märchen und Mirakel
120 Seiten mit 26 Abbildungen
ISBN 3-451-26310-6

GERTRAUD MEINEL: Rosenwunder
Legenden vom Geheimnis der Rose
120 Seiten mit 33 Farbabbildungen
ISBN 3-451-23170-0

FRANK O'CONNOR: Irische Kindheit
Liebenswerte Erzählungen von der grünen Insel
80 Seiten mit 17 Farbfotografien von Karl-Heinz Raach
ISBN 3-451-23173-5

MARCEL PAGNOL: Im Weinberg des lieben Gottes
Herzerquickende Predigten aus der Provence
80 Seiten mit 18 Farbfotografien von Ulrike Schneiders
ISBN 3-451-22937-4

ISAAK LEIB PEREZ: Leben sollst du
Ostjüdische Erzählungen mit Bildern von Marc Chagall
120 Seiten mit 10 Farbabbildungen
ISBN 3-451-23171-9

ISAAK LEIB PEREZ/SCHOLEM ALEJCHEM: Ein Lied der Liebe
Ostjüdische Erzählungen mit Bildern von Marc Chagall
120 Seiten mit 10 Farbabbildungen
ISBN 3-451-23637-0

KÄTHE RECHEIS/GEORG BYDLINSKI:
Ich höre deine Stimme im Wind
Weisheit der Indianer
120 Seiten mit 34 Farbfotografien von Anselm Spring
ISBN 3-451-23529-3

SYBIL GRÄFIN SCHÖNFELD: Viel Glück
Von Glückwünschen, Glücksbringern und Glückssymbolen
120 Seiten mit 33 Abbildungen
ISBN 3-451-26403-X

MARK TWAIN: Die Tagebücher von Adam und Eva
Mit Bildern von Henri Rousseau
80 Seiten mit 18 Farbabbildungen
ISBN 3-451-23458-0

RAINER MARIA RILKE: Geschichten vom lieben Gott
Mit Bildern von Wassily Kandinsky
120 Seiten mit 10 Farbabbildungen
ISBN 3-451-26578-8

UWE WOLFF: Unter deinen Flügeln geborgen
Legenden vom Geheimnis der Engel
120 Seiten mit 18 Farbabbildungen
ISBN 3-451-23871-3

BRÜDER GRIMM: Irische Elfenmärchen
Nach der englischen Originalausgabe von Thomas Crofton Croker
übertragen und mit einer Einleitung versehen von Wilhelm Grimm
2 Bände im Schuber
Je 120 Seiten mit insgesamt 18 Farbfotografien von Rainer Martini
ISBN 3-451-26053-0

Inspirierende Weisheitsgeschichten

Je Band 144 Seiten mit Buchschmuck und Lesebändchen

NORBERT LECHLEITNER: Balsam für die Seele
100 überraschende Weisheitsgeschichten,
die jeden Tag ein wenig glücklicher machen
ISBN 3-451-26575-3

NORBERT LECHLEITNER: Flügel für die Seele
111 überraschende Weisheitsgeschichten,
die jeden Tag ein wenig beschwingter machen
ISBN 3-451-26704-7

NORBERT LECHLEITNER: Sonne für die Seele
100 überraschende Weisheitsgeschichten,
die jeden Tag ein wenig fröhlicher machen
ISBN 3-451-26935-X